NÃO FAÇA TEMPESTADE EM COPO D'ÁGUA...
NO TRABALHO

RICHARD CARLSON

NÃO FAÇA TEMPESTADE EM COPO D'ÁGUA... NO TRABALHO

Maneiras simples de minimizar o
estresse e o conflito enquanto aproveita
o melhor de si e dos outros

Tradução de Pedro Ribeiro

Rocco

Título original
DON'T SWEAT THE SMALL STUFF AT WORK
Simple Ways to Minimize Stress and Conflict While
Bringing Out the Best in Yourself and Others

Primeira publicação pela Hyperion, New York, NY

Copyright © 1998 by Richard Carlson, Ph.D.

O direito de Richard Carlson de ser identificado como o autor desta obra foi
assegurado por ele em conformidade com o Copyright, Designs and Patents Act 1988.

Todos os direitos reservados.
Nenhuma parte desta obra pode ser reproduzida ou
transmitida por meio eletrônico, mecânico, fotocópia, ou sob
qualquer outra forma sem a prévia autorização do editor.

Direitos para a língua portuguesa reservados
com exclusividade para o Brasil à
EDITORA ROCCO LTDA.
Rua Evaristo da Veiga, 65 – 11º andar
Passeio Corporate – Torre 1
20031-040 – Rio de Janeiro – RJ
Tel.: (21) 3525-2000 – Fax: (21) 3525-2001
rocco@rocco.com.br
www.rocco.com.br

Printed in Brazil/Impresso no Brasil

Preparação de originais
MÔNICA MARTINS FIGUEIREDO

CIP-Brasil. Catalogação na publicação.
Sindicato Nacional dos Editores de Livros, RJ.

R281n   Carlson, Richard, 1961-2006
Não faça tempestade em copo d'água no trabalho : maneiras simples de minimizar o estresse e o conflito enquanto
aproveita o melhor de si e dos outros / Richard Carlson ; tradução Pedro Ribeiro. – 1ª ed. – Rio de Janeiro : Rocco, 2021.

Tradução de: Don't sweat the small stuff at work:
simple ways to minimize stress and conflict, while
bringing out the best in yourself and others
ISBN 978-65-5532-070-1
ISBN 978-65-5595-046-5 (e-book)

1. Stress ocupacional. 2. Administração dos conflitos.
3. Ambiente de trabalho. I. Ribeiro, Pedro. II. Título.

20-68193   CDD: 158.72
                                            CDU: 331.442

Leandra Felix da Cruz Candido – Bibliotecária – CRB-7/6135

O texto deste livro obedece às normas do
Acordo Ortográfico da Língua Portuguesa.

Este livro é dedicado a vocês, meus leitores. Espero que ele torne a sua vida no trabalho um pouco mais fácil e menos estressante!

AGRADECIMENTOS

Gostaria de agradecer a Bob Miller pela confiança persistente na minha mensagem e a Leslie Wells, que, mais uma vez, compartilhou comigo suas sensíveis habilidades editoriais. Também gostaria de agradecer à equipe da Hyperion pelos seus esforços constantes. Como sempre, agradeço também a Patti Breitman e a Linda Michaels pelo entusiasmo, amizade e apoio. Finalmente, gostaria de agradecer à minha boa amiga Rhonda Hull por ter colaborado para que eu me mantivesse concentrado e perseverante enquanto escrevia este livro, e à minha incrível família, que não "fazia tempestade em copo d'água" enquanto eu me dedicava a este importante projeto. Muito obrigado a todos vocês.

SUMÁRIO

Introdução 13

1. Ouse ser feliz 18
2. Seja menos controlador 21
3. Elimine a mentalidade de "corrida de ratos" 25
4. Não dramatize os prazos finais 28
5. Tenha algum tempo "sem telefone" no trabalho 30
6. Evite a ostentação profissional 34
7. Aproveite ao máximo as reuniões tediosas 37
8. Pare de antecipar o cansaço 39
9. Não se incomode com a burocracia 42
10. Lembre-se da frase "estar morto é ruim
    para os negócios" 45
11. Aproveite ao máximo as viagens de negócios 48
12. Acenda uma vela em vez de
    amaldiçoar a escuridão 52
13. Entre para o meu novo clube, "GDEH" 55
14. Não se incomode com o chefe exigente 57
15. Lembre-se de reconhecer a contribuição
    dos outros 60
16. Não deixe as pessoas esperando 63
17. Crie uma ponte entre a sua espiritualidade
    e o seu trabalho 66
18. Alegre seu ambiente de trabalho 69
19. Se dê um tempo 72

20. Não leve a regra dos 80/20 tão a sério 75
21. Faça uma lista das suas prioridades pessoais 79
22. Saber ouvir — um instrumento de
    redução do estresse 82
23. Seja amigável com sua recepcionista 85
24. Lembre-se do ditado: "Pegam-se mais moscas
    com mel" 89
25. Evite a frase "tenho de ir trabalhar" 92
26. Conscientize-se dos efeitos potencialmente
    estressantes das suas promessas 95
27. Examine seus rituais e hábitos
    (e esteja disposto a mudar alguns deles) 99
28. Concentre-se no agora 102
29. Cuidado com o que pede 105
30. Amorteça os quebra-molas do seu dia 108
31. Faça caridade com seu trabalho 111
32. Nunca, nunca fale mal dos outros 114
33. Aceite o fato de que, de vez em quando,
    você terá um dia realmente ruim 117
34. Reconheça padrões de comportamento 121
35. Diminua suas expectativas 125
36. Elogie a si mesmo 128
37. Seja menos egoísta 130
38. Não fique preso em algemas douradas 133
39. Acostume-se a deixar recados 138
40. Pare de querer estar em outro lugar 141
41. Pergunte a si mesmo: "Estou aproveitando este
    momento ao máximo?" 144
42. Pare de correr 146
43. Conscientize-se da sua sabedoria 148
44. Perceba o poder da empatia 151
45. Recupere-se rápido 154
46. Estimule atividades para aliviar
    o estresse na empresa 157
47. Perca seu medo de falar diante de grupos 160
48. Evite comentários que provavelmente levarão
    a fofocas ou a conversa desnecessária 163

49. Enxergue além dos papéis 166
50. Evite a tendência de colocar preço
em coisas pessoais 169
51. Quando pedir algum conselho,
pense em segui-lo 172
52. Tire vantagem do seu trajeto até o trabalho 174
53. Desista das batalhas que você
não tem como vencer 176
54. Pense no estresse e na frustração como
perturbações para o seu sucesso 180
55. Aceite o fato de que quase sempre existirá
alguém zangado com você 183
56. Não deixe seus pensamentos estressarem você 187
57. Leve em conta a incompetência 190
58. Não seja muito rápido para fazer comentários 194
59. Desista dos "choques de personalidade" 198
60. Não fique estressado com coisas previsíveis 202
61. Pare de procrastinar 206
62. Confronte suavemente 209
63. Lembre-se dos três "S" 212
64. Deixe de reclamar! 215
65. Acabe logo com isso 217
66. Não viva num futuro imaginado 219
67. Faça com que outra pessoa sinta-se bem 222
68. Concorra com o coração 224
69. Recue quando não souber o que fazer 228
70. Admita que é sua escolha 231
71. Antes de ficar na defensiva, preste atenção
no que está sendo dito 234
72. Complete o máximo possível de tarefas 236
73. Passe dez minutos por dia sem
fazer absolutamente nada 238
74. Aprenda a delegar 240
75. Fortaleça sua presença 243
76. Aprenda a dizer não sem culpa 246
77. Tire suas próximas férias em casa 248
78. Não deixe seus colegas negativos deprimirem você 251

79. Aproveite ao máximo uma posição "não criativa" 253
80. Fique próximo ao seu centro 255
81. Perdoe a si mesmo; você é humano 258
82. Coloque sua mente no ponto neutro 261
83. Perceba a frequência com que as coisas dão certo 264
84. Faça as pazes com o caos 267
85. Evite o esgotamento 270
86. Experimente uma transformação mágica 274
87. Evite o pensamento "se ao menos" 278
88. Elimine o fator preocupação 281
89. Peça o que você quer, mas não insista em conseguir 285
90. Lembre-se da história inteira 289
91. Use seu redutor secreto de estresse 292
92. Fale aos outros com amor e respeito 295
93. Não siga esse caminho 297
94. Lembre-se de valorizar as pessoas com quem trabalha 300
95. Não ligue para os seus críticos 304
96. Reduza o estresse autoinduzido 306
97. Esteja consciente do fator pensamento 309
98. Diminua seu ego 312
99. Lembre-se, tempestades em copo d'água acontecem 314
100. Não viva para a aposentadoria 316

INTRODUÇÃO

Muitos de nós gastam uma enorme quantidade de tempo e energia envolvidos no trabalho — oito, dez ou mesmo doze horas por dia não é tão incomum assim. E quer trabalhemos para uma empresa gigantesca, quer para uma outra menor, quer em Wall Street — ou se somos autônomos, trabalhamos para o Governo, ou no comércio — ou, afinal, em qualquer outra indústria ou negócio, não há dúvida alguma: o trabalho pode ser, e geralmente é, estressante.

Cada mercado e carreira possuem seu conjunto único de problemas e fontes de estresse, e cada atividade tem seus fardos específicos e pesadelos eventuais. De tempos em tempos, a maioria de nós precisa lidar com certa combinação de uma variedade de questões desagradáveis — prazos e expectativas irreais, burocracias, chefes difíceis e exigentes, reuniões e memorandos ridículos, quotas, ataques desleais e críticas, perseguições, incerteza e rejeição. Além disso, existem regulamentações governamentais e impostos elevados, falta de apreciação, competição agressiva, colegas insensíveis ou egoístas, programas exigentes, condições de trabalho precárias, longas viagens de negócios e políticas de redução de pessoal. Parece que praticamente ninguém está livre do incômodo de ter um emprego ou de realizar negócios.

As questões, na verdade, não implicam a existência ou não do estresse no local de trabalho, ou se você será ou não exposto a ele — certamente ele existe, e certamente você será exposto. A questão mais relevante, contudo, é: "Como você vai lidar com ele?" Você pode render-se ao fato de que o trabalho é intrinsecamente estressante e de que não há nada que você possa fazer quanto a isso, ou pode começar a seguir um caminho ligeiramente diferente e aprender a responder de um modo novo e pacífico às exigências do trabalho. Para mim está claro que, se você pretende encontrar uma maneira menos estressante de trabalhar, terá de encontrar a resposta dentro de si mesmo. Simplesmente não existe um emprego disponível, ou qualquer maneira de arrumar a sua vida, que não contenha seu próprio conjunto único de desafios.

Caso você tenha lido qualquer um dos meus livros anteriores, sabe que sou um otimista. Acredito que praticamente qualquer um pode realizar melhorias produtivas na qualidade de sua vida tentando fazer, pelo menos, pequenas alterações diárias de comportamento. Sem minimizar qualquer uma das questões difíceis que existem lá fora, sei, no fundo do coração, que não somos vítimas do status quo. Nós **podemos** mudar. Mas a mudança não será resultante de um trabalho com menos exigências ou de uma vida mais fácil. Bem ao contrário, ela deve vir de dentro de nós. A boa-nova é que, quando isso acontece, nossa vida profissional — na verdade, toda a nossa vida — parecerá mais fácil e menos estressante.

Este livro é resultante de milhares de cartas e telefonemas que recebi depois de ter escrito *Não faça tempestade em copo d'água... e tudo na vida são copos d'água.* Muitas pessoas ficaram felizes ao descobrir que, depois de ler o livro, suas vidas foram se tornando menos estressantes e mais agradáveis. Repetidas vezes recebi pedidos de leitores para escrever um livro similar, que dessa vez, no entanto, focalizasse aplicações e questões específicas no local de trabalho. Como, em grande parte, venci minha própria tendência para fazer tempestade em copo d'água no trabalho e por conhecer muitas outras pessoas que fizeram o mesmo, decidi embarcar em outra jornada *Não faça tempestade em copo d'água,* agora voltada para o trabalho.

É fascinante examinar a maneira como as pessoas lidam com as questões profissionais mais sérias, tais como ser despedido ou superado por um competidor maior, roubo interno ou violência, ou ser forçado a se mudar para uma nova cidade. Quando você para e pensa sobre isso, é bastante impressionante, se não incrível. De maneira geral, as pessoas são corajosas, inovadoras e perseverantes quando forçadas a enfrentar esses problemas realmente desafiadores. Mas, como em outras áreas da vida, ao lidar com o cotidiano, a coisa muda de figura. De fato, se você fizer um retrospecto, vai poder perceber que, apesar dos eventuais obstáculos significativos no local de trabalho, muito do que nos incomoda no dia a dia, na verdade, é composto por "coisas pequenas". Com sorte, para a maioria de nós, as questões verdadeiramente sérias e trágicas são poucas e esporádicas. Na verdade, são todos esses pequenos incômodos que tendem a nos deixar loucos.

Imagine, por um momento, quanta energia é desperdiçada quando se fica estressado, frustrado e zangado com coisas relativamente pequenas. Como é ser ofendido e incomodado, ou sentir-se criticado? E pense nas implicações da preocupação, medo e comiseração. Que impacto essas emoções têm sobre nossa produtividade e apreciação do nosso trabalho? É exaustivo pensar nisso! Agora imagine o que poderia acontecer se você usasse essa mesma energia — ou até parte dela — para ser mais produtivo, criativo e voltado para soluções.

Embora possa haver pouco a fazer em relação às coisas realmente "grandes", é preciso admitir que existem muitos casos em que aumentamos pequenos problemas além da sua proporção e os transformamos em emergências gigantescas. Muitas vezes, ficamos frustrados e sobrecarregados com o acúmulo de todos os pequenos fatos com que precisamos lidar. Isso acontece de tal maneira que começamos a empilhar as chateações cotidianas e a tratar tudo como se fosse "coisa grande".

Diante de tantas "coisas pequenas" a lidar no trabalho, existe uma correlação entre a maneira como você trata com coisas pequenas e a qualidade geral da sua experiência. Não há dúvida de que, se você conseguir aprender a lidar com os problemas menores com mais perspectiva, sabedoria, paciência e senso de humor, vai começar a aproveitar o que há de melhor em si e nos outros. Passará menos tempo aborrecido, irritado e frustrado, e mais tempo sendo criativo e produtivo. As soluções brotarão num estado mental mais calmo, assim como os problemas nas situações de grande irritação.

Uma das vantagens de aprender a não fazer tanta tempestade em copo d'água é que, finalmente, você começa a enxergar cada vez mais aquelas questões do dia a dia como "coisas pequenas". Enquanto antes tratava praticamente tudo como se fosse algo realmente importante, passa a identificar melhor o que é verdadeiramente significativo e muito mais benéfico.

À medida que aprender a deixar de fazer tempestade em copo d'água no trabalho, você continuará a ter muitos dos mesmos problemas para resolver. Contudo, vai experimentá-los de uma maneira bastante diferente. Em vez de reagir a cada questão com uma negatividade automática, você vai aprender a responder com muito mais graça e tranquilidade. O seu nível de estresse vai diminuir, e você vai começar a se divertir muito mais. Eu sei que o trabalho pode ser difícil, mas também sei que podemos aprender a reagir às dificuldades de uma maneira mais positiva. Desejo a você tudo de bom na sua vida profissional e espero que este livro ajude a torná-la um pouco mais fácil.

Vamos lá!

1
OUSE SER FELIZ

Muitas pessoas não se permitem o luxo de ficar entusiasmadas, de coração leve, inspiradas, relaxadas ou felizes — especialmente no trabalho. Para mim, isto é uma forma muito infeliz de autonegação. Parece que um grande número de pessoas tem medo de como este comportamento alegre pareceria para os outros, incluindo colegas, clientes e empregadores. Afinal de contas, eles pressupõem, "se alguém está relaxado (ou feliz), não deve trabalhar duro". A lógica é mais ou menos assim: se eles parecerem felizes, os outros poderão achar que estão satisfeitos com o status quo e que, portanto, não possuem a motivação necessária para se destacar no trabalho ou para caminhar aquele quilômetro a mais. Eles certamente não sobreviveriam num ambiente competitivo.

Sou frequentemente contratado para dar palestras em empresas de todo o país sobre a redução de estresse e uma vida mais feliz. Várias vezes a pessoa que me convidou a falar me perguntou, num tom de voz nervoso, se eu ajudaria os funcionários a se tornarem tão felizes a ponto de "amolecerem". Não estou brincando!

Na verdade, é o contrário que acontece. É tolice acreditar que uma pessoa feliz e relaxada necessariamente carece de motivação. Pessoas felizes são quase sempre aquelas que adoram o que fazem. Já foi mostrado repetidas vezes que as pessoas que gostam do que fazem são altamente motivadas, pelo próprio entusiasmo, a continuamente se aperfeiçoarem e o seu desempenho. Elas sabem escutar e têm uma curva de aprendizado alta. Além disso, trabalhadores felizes são altamente criativos, carismáticos, de fácil convivência, e bons membros de equipes.

Pessoas infelizes, por outro lado, muitas vezes são bloqueadas pela própria infelicidade ou estresse, que as desvia do sucesso. Pessoas rígidas e estressadas são difíceis no trabalho e desagradáveis de conviver. São elas que carecem de motivação, pois são consumidas pelos próprios problemas, falta de tempo e estresse. Pessoas infelizes muitas vezes sentem-se vitimadas pelos outros e pelas suas condições de trabalho. É difícil para elas enxergar soluções, porque tudo é visto como culpa de outra pessoa. Além disso, elas geralmente não têm uma boa participação em equipes, porque normalmente são egoístas e preocupadas com as próprias questões. São defensivas e, quase sempre, péssimas ouvintes. Caso tenham sucesso é apesar da sua infelicidade, e não por causa dela. Na verdade, se uma pessoa infeliz e estressada puder aprender a ser mais feliz, ela terá ainda mais sucesso.

Acho que esta estratégia seria uma excelente maneira de apresentar este livro, porque uma das minhas metas é convencê-lo de que *está tudo bem em ser feliz, generoso, paciente, mais relaxado e misericordioso.* É para sua vantagem, pessoal e profissional. Você não vai amolecer nem vai ser "pisado". Posso garantir que não ficará apático, desinteressado ou desmotivado. Pelo contrário, você vai sentir-se mais inspirado, criativo e inclinado a dar uma contribuição maior do que faz agora. Você verá soluções e oportunidades onde os outros veem problemas. Do mesmo modo, em vez de sentir-se desencorajado por obstáculos ou fracassos, você vai se recuperar de maneira rápida e vigorosa. Sua energia vai aumentar, você será capaz de trabalhar "no olho da tempestade", e como terá a cabeça bem tranquila, será sempre procurado no momento de tomadas de decisões difíceis. Você vai chegar até o topo.

Se ousar ser feliz, a sua vida vai começar a mudar imediatamente. A sua vida e o seu trabalho terão uma importância maior e serão sentidos como uma aventura extraordinária. Você será amado pelos outros e, sem sombra de dúvida, fará cada vez menos tempestade em copo d'água no trabalho.

2
SEJA MENOS CONTROLADOR

Quando eu falo em ser menos "controlador", estou me referindo a tentativas doentias de manipular o comportamento alheio, ter a necessidade de controlar seu ambiente, insistir para que as coisas sejam "exatamente assim" para sentir-se seguro e ficar imobilizado, na defensiva ou ansioso quando as outras pessoas não se comportam de acordo com suas determinações — da maneira como você pensa que elas deveriam. Ser controlador significa que você está preocupado com as ações alheias e de que forma elas o afetam. Para colocar no contexto deste livro, pessoas controladoras "fazem tempestade" sobre o comportamento dos outros quando este não corresponde às próprias expectativas.

Fiz várias observações sobre pessoas controladoras; duas em particular. Primeiro, existe um número excessivo delas. Por algum motivo, parece haver uma tendência universal para o comportamento controlador. Em segundo lugar, essa característica é altamente estressante — tanto para quem controla quanto para aqueles que estão sendo controlados. Se você quer uma vida mais pacífica, é essencial que se torne menos controlador.

Um dos exemplos mais extremos de comportamento controlador que escutei envolvia, vejam só, clipes de papel! Um advogado de uma firma de advocacia de primeira linha preferia que certas coisas fossem feitas de determinadas maneiras, não só as coisas "grandes" como também as minúsculas. Este sujeito gostava de usar clipes de papel cor de cobre em vez dos clipes prateados fornecidos pela firma (o que poderia ser mais importante do que isto?). Portanto, ele fazia com que sua secretária comprasse o próprio estoque particular para cada semana (e ele nem mesmo a reembolsava). Se algo chegasse na sua mesa com o tipo errado de clipe, ele tinha um acesso de raiva. Ele ficou conhecido no escritório como "o rei dos clipes de papel".

Provavelmente não será nenhuma grande surpresa saber que este sujeito estava quase sempre atrasado com a sua papelada, e o trabalho que realizava para seus clientes era afetado. Todo o tempo que ele perdia ficando zangado com coisas pequenas o retardava. Os clipes de papel eram apenas um aspecto do seu comportamento controlador — ele tinha regras e regulamentos para tudo, desde como o seu café era servido (em uma xícara e pires de porcelana especial) até a ordem em que era apresentado nas reuniões. Finalmente, seu comportamento controlador irritou clientes demais e ele foi dispensado da firma.

Este é um exemplo muito incomum e extremo, mas se você examinar seu próprio comportamento pode descobrir que está tentando controlar áreas que são fúteis ou simplesmente tolas. Aconselho você a dar uma olhada nisso.

Uma pessoa controladora carrega consigo uma grande quantidade de estresse porque não só ele (ou ela) precisa ficar preocupado com as próprias escolhas e comportamento, como também insiste que os outros pensem e se comportem de determinadas maneiras. Embora, eventualmente, possamos influenciar outra pessoa, é certo que não podemos forçá-la a ser de uma determinada maneira. Para alguém que é controlador, isto é altamente frustrante.

Obviamente, existem ocasiões nos negócios em que você quer um encontro de mentes, ou precisa que os outros vejam as coisas como você. Você precisa vender a si mesmo e as suas ideias para aqueles com quem trabalha. Em certos casos, precisa manifestar suas opiniões, influência ou até mesmo poder para conseguir alguma coisa. Existem ocasiões nas quais é necessário insistir para que as coisas aconteçam do seu jeito ou pensar em maneiras inteligentes e criativas de mudar a opinião dos outros. Tudo isso é parte do negócio. E não é absolutamente a isso que me refiro aqui. Não estamos falando sobre tentativas saudáveis e normais para alcançar um encontro de mentes ou um equilíbrio entre pontos de vista. Tampouco estamos falando a respeito de **não se importar** com o comportamento dos outros — é claro que você se importa. Estamos discutindo, ao contrário, as maneiras como a insistência, o pensamento singular, a rigidez e a necessidade de controlar são traduzidas em sofrimento e estresse.

O que magoa na pessoa controladora é o que acontece no seu íntimo — seus sentimentos e emoções. O elemento-chave parece ser uma falta de disposição para permitir que as outras pessoas sejam plenamente elas mesmas, e de respeitar — realmente respeitar — o fato de que as pessoas pensam de maneira diferente. No fundo, uma pessoa controladora não quer que as outras sejam elas mesmas e sim a imagem de quem ela quer que elas sejam. Mas as pessoas não são uma imagem de quem queremos que elas sejam — elas são quem elas são. Assim, se você está preso a uma imagem fantasiosa, vai sentir-se frustrado e impotente grande parte do tempo. Uma pessoa controladora acha que sabe o que é melhor e vai fazer com que outras pessoas percebam como estavam erradas. Dentro da necessidade de controle existe uma intrínseca falta de respeito pelas opiniões e maneiras alheias.

A única forma de tornar-se menos controlador é conseguir ver as vantagens dessa postura. Você precisa enxergar que não deixará de conseguir o que quer quando for necessário, mas terá um investimento pessoal menor. Em outras palavras, haverá uma necessidade menor de que as pessoas sejam, pensem ou se comportem de uma determinada maneira. Isso resultará em uma forma menos estressante de estar no mundo. Quando você consegue abrir espaço em sua mente para o fato de que as outras pessoas podem ver a vida de uma maneira diferente da sua, viverá com muito menos conflitos interiores.

Além disso, à medida que você se torna menos controlador, é muito mais fácil conviver com você. Não é difícil imaginar que a maioria das pessoas não gosta de ser controlada; é desagradável. Cria ressentimento e relacionamentos infelizes. À medida que você abandona a sua necessidade de ser controlador, as pessoas ficam mais inclinadas a ajudá-lo; elas vão querer ver o seu sucesso. Quando as pessoas sentem-se aceitas pelo que elas são, em vez de julgadas pelo que você pensa que elas deveriam ser, elas o admiram e respeitam como nunca.

3

ELIMINE A MENTALIDADE DE "CORRIDA DE RATOS"

Muitas vezes escuto as pessoas conversando sobre estarem presas na "corrida dos ratos" como se estivessem falando sobre o clima — de uma maneira bastante casual e corriqueira. O pressuposto parece ser: "Não há como escapar — é simplesmente um fato da vida de todo mundo."

Um dos problemas com esta forma de pensar é que o rótulo "corrida de ratos" implica, entre outras coisas, pressupostos como "estou com pressa, saia do meu caminho, nunca há tempo suficiente, não há o bastante para todos, é um mundo cão", e assim por diante. Ela o prepara para ser assustado, impaciente e irritado pelo constante reforço e validação de uma crença autossabotadora. Você pode notar que de fato a maioria das pessoas que descrevem a si mesmas como participantes da "corrida de ratos" são hiperaceleradas e facilmente perturbáveis. É importante notar, contudo, que existem outras pessoas com os mesmos tipos de pressões, responsabilidades e agendas que experimentam e descrevem seu trabalho de uma maneira muito mais pacífica e interessante. Mas essas são tão eficazes e produtivas quanto suas contrapartes mais nervosas e agitadas.

É sempre agradável para mim conhecer pessoas que, apesar de fazerem parte do mundo empresarial, de viagens e/ou profissional, tomaram a decisão de não aceitar esse rótulo frenético e destrutivo. Elas recusam se enquadrar na maneira como descrevem sua experiência. Em vez disso, vivem de um modo muito mais tolerante, sempre em busca de um ângulo positivo em suas experiências.

Muito da nossa vida profissional cotidiana existe dentro da nossa própria mente, independentemente dos aspectos que focalizamos e de como caracterizamos nossa experiência. Em outras palavras, quando descrevemos nosso dia, podemos nos sentir muito justificados em dizer: "Oh, meu Deus, foi horrível. Fiquei preso no trânsito com milhões de outras pessoas zangadas. Passei o dia em reuniões tediosas, sempre chegando alguns minutos atrasado. Houve discussões e um conflito quase constante. Que bando de idiotas!"

O mesmo dia pode ser considerado de maneira diferente. Você pode descrevê-lo assim: "Dirigi até o trabalho e passei a maior parte do dia me reunindo com pessoas. Foi um desafio, mas fiz o melhor que pude para permanecer o máximo de tempo em uma reunião sem ficar atrasado para a seguinte. A arte do meu trabalho é reunir pessoas que, à primeira vista, não parecem capazes de se relacionar muito bem. Felizmente, estou aqui para ajudar."

Dá para sentir a diferença? E não é questão de uma descrição ser "realista e correta" e a outra um devaneio otimista. Na verdade, ambas estão absolutamente corretas. Tudo depende do bem-estar da pessoa que elabora o pensamento. A mesma dinâmica se aplica ao que quer que você faça para viver e como passa o seu tempo. Você pode sempre argumentar "estou preso numa corrida de ratos" ou pode encontrar outra maneira de pensar nisso.

Você pode começar a eliminar a mentalidade de corrida de ratos e, no processo, se tornar uma pessoa mais calma e criar uma vida mais interessante, decidindo parar de discutir com os outros — e recaracterizando o seu dia e suas responsabilidades de uma maneira mais saudável. À medida que a sua mente se concentra numa direção mais positiva e você procura as dádivas que recebeu naquele dia em vez das chateações, vai começar a notar aspectos da sua vida profissional que poderiam estar invisíveis para você. Vai realmente começar a ver as coisas de maneira diferente. Para toda parte que olhar verá oportunidades de crescimento pessoal e espiritual. Verá mais soluções e menos problemas, assim como várias maneiras de aperfeiçoar e maximizar sua experiência. Espero que você pense em eliminar a mentalidade da corrida de ratos — seu trabalho será muito mais recompensador se você o fizer.

4

NÃO DRAMATIZE OS PRAZOS FINAIS

Muitos de nós trabalham sob as exigências constantes de prazos finais apertados. Os escritores não estão isentos desta regra. Mas vocês já pararam para pensar quanta ênfase mental e emocional colocamos em nossos prazos? Já se perguntou que consequências negativas estão ligadas a esta ênfase? Se não, eu o aconselho a pensar cuidadosamente sobre essas questões.

É verdade que os prazos finais são um fato da vida. Contudo, grande parte deste tipo de estresse não vem tanto do próprio prazo final, mas de pensar sobre isso, perguntando-nos se vamos ou não conseguir cumpri-lo, sentindo autopiedade, reclamando e, talvez, pior do que tudo, reclamando com os outros.

Recentemente estive num escritório esperando por uma reunião. A pessoa com quem me encontraria se atrasou devido ao trânsito. Eu estava tentando ler, mas fiquei espantado com uma conversa entre dois colegas no trabalho. Eles reclamavam do prazo final curto e injusto que tinham de cumprir. Aparentemente, tinham menos de duas horas para completar algum tipo de relatório. Seja lá o que fosse, devia ser entregue ao meio-dia daquele mesmo dia.

Fiquei ali sentado, escutando perplexo, enquanto os dois gastavam quase uma hora inteira reclamando de como era ridículo ter de passar por aquilo. Eles não haviam dado sequer o primeiro passo para completar a sua meta! Finalmente, cerca de um minuto antes de a pessoa que eu estava esperando chegar, um deles disse num tom frenético: "Deus do céu, é melhor a gente começar. Temos de entregá-lo daqui a uma hora."

Eu sei que este é um exemplo extremo, e poucos de nós desperdiçariam tempo de uma maneira tão dramática assim. Contudo, isto mostra que o próprio prazo final nem sempre é o único fator que gera o estresse. Em última instância, essas duas pessoas pareceram perceber que poderiam realizar o trabalho mesmo que em uma hora. Assim, você precisa se perguntar quão diferente a experiência poderia ter sido caso tivessem respirado fundo e trabalhado juntos da maneira mais rápida e eficiente possível.

Na minha experiência, reclamar de prazos — mesmo que as reclamações sejam justificadas — desperdiça uma enorme quantidade de energia mental e — mais importante — de tempo! A perturbação que você experimenta ao se lamentar com os outros ou, simplesmente, ao reclamar sozinho, dificilmente vale a pena. O pensamento obsessivo acumulado sobre o prazo final gera a própria ansiedade interior.

Sei que os prazos finais podem dar origem a uma grande dose de estresse e que às vezes isso não parece muito justo. Mesmo assim, trabalhar rumo à sua meta sem a interferência da energia mental negativa torna qualquer trabalho mais fácil de realizar. Veja se consegue notar com que frequência costuma se preocupar, ficar ansioso ou reclamar dos prazos finais. Tente perceber, então, os momentos em que faz isso. Quando se pegar reclamando, lembre--se sutilmente de que sua energia poderia ser melhor utilizada de outra forma. Quem sabe você possa finalmente fazer as pazes com os prazos finais...

5

TENHA ALGUM TEMPO
"SEM TELEFONE" NO TRABALHO

◇◇◇◇◇◇◇◇◇◇◇◇◇

Se você for como eu, o telefone funciona de forma ambivalente. Por um lado, é muito útil e obviamente crucial para a maioria das pessoas. Sem ele, o trabalho seria impossível. Por outro lado, dependendo da sua profissão, ele pode ser um dos fatores que mais desviam a atenção e causam estresse no seu trabalho. Às vezes parece que estamos sempre ao telefone. E se estamos no telefone é impossível realizar qualquer tipo de trabalho. Isso pode gerar ansiedade e ressentimento em relação à pessoa com quem estamos conversando.

Uma vez estava no escritório de um gerente quando o telefone tocou. Imediatamente ele berrou: "O maldito telefone nunca para de tocar." Em seguida, atendeu-o e ficou conversando durante quinze minutos enquanto eu esperava. Quando finalmente desligou, parecia exausto e frustrado. Ele se desculpou quando o telefone tocou novamente. Mais tarde, confessou que tinha muitas dificuldades para completar suas tarefas devido ao volume de ligações que atendia. Num determinado momento, perguntei a ele: "Você já pensou em ficar um certo período simplesmente sem atender o telefone?" Ele olhou para mim, com um ar espantado, e disse: "Na verdade, não." Essa simples sugestão o ajudou não só a relaxar como também a conseguir trabalhar mais. Como muitas pessoas, ele não precisava de um longo período sem interrupções, mas de algum tempo sem elas! Como muitas das vezes era ele quem retornava a ligação das pessoas em vez de atender os seus telefonemas, ele foi capaz, em muitos casos, de reduzir a duração da ligação de resposta. Ele dizia coisas como: "Olá, Joan, só posso falar durante dois minutos, mas queria responder à sua ligação."

Obviamente, dependemos do telefone e precisamos usá-lo com regularidade variável. Se você é uma recepcionista, por exemplo, ou uma telefonista, ou um vendedor, essa estratégia terá pouca ou nenhuma relevância prática para você. Contudo, para muitos outros, pode ser uma excelente solução. No meu escritório, por exemplo, caso eu não tivesse um período "sem telefone", ficaria com ele cerca de vinte e quatro horas. O telefone parece nunca parar de tocar. Caso eu não tivesse técnicas de proteção, teria muito pouco tempo para escrever ou trabalhar em outros projetos. É provável que o mesmo seja válido para muitos de vocês.

Esta estratégia pode ser realizada de várias maneiras diferentes. Durante certos momentos do dia simplesmente deixo o telefone no silencioso e não atendo ligações a não ser que já estivessem marcadas previamente ou sejam emergências verdadeiras (que são extremamente raras). Isto me reserva algum tempo para me concentrar — sem distrações — no que é mais relevante para o meu trabalho.

Muitas pessoas, naturalmente, precisam usar o telefone já que é a política da empresa ou parte do seu trabalho, e essas pessoas precisam ser um pouco mais criativas ao colocar em prática esta estratégia. Talvez você possa chegar um pouco mais cedo e desligar seu telefone antes que o dia comece "oficialmente" ou fazer a mesma coisa depois do expediente. Conheço uma senhora que decidiu levar o almoço para o trabalho a fim de trabalhar na sua mesa durante um período em que tivesse permissão de deixar as ligações a cargo da secretária eletrônica. Ela foi capaz de negociar um horário de saída mais cedo, de modo que seu dia não ficou mais longo e ela conseguiu se concentrar mais.

Em certos casos, é possível que você convença seu chefe a deixá-lo experimentar essa estratégia — para ver se você consegue trabalhar mais (e, ainda assim, atender todas as demandas). Algumas ligações e mensagens podem ser retornadas mais tarde, ou depois da hora, quando você pode responder a questões específicas. Isso pode levar um minuto ou dois em vez de gerar uma conversa de dez a quinze minutos.

Se você trabalha em casa (ou se precisa fazer coisas em casa), essa estratégia funciona maravilhosamente bem e muitas vezes é mais fácil de ser posta em prática. Você simplesmente decide que, durante um período específico, não vai usar o telefone, dando-se, assim, a chance de fazer o que precisa fazer.

Esta não é uma estratégia infalível; muitas vezes há pequenos ajustes a serem feitos. Por exemplo, como você lida com emergências ou com telefonemas pessoais importantes? Tenho uma linha telefônica separada, reservada para amigos íntimos, família e para algumas poucas pessoas selecionadas com quem trabalho. Outra possibilidade é disponibilizar um e-mail ou número de telefone alternativo que seja especificamente reservado para casos que realmente não possam esperar. A maioria das pessoas vai respeitar um pedido de "apenas para emergências". Uma outra possibilidade é verificar as suas mensagens depois de cada ligação, ou de um número predeterminado de ligações. Desta maneira, você pode adiar a maioria das respostas até um momento mais apropriado, sem deixar, no entanto, de entrar em contato com aquelas pessoas que absolutamente não podem esperar.

Acho que você vai descobrir que, na maioria dos casos, quaisquer problemas que precise superar para colocar esta estratégia em prática valem a pena. Vamos encarar a verdade. O mundo profissional não vai nos fazer o favor de reduzir o número de telefonemas, mensagens e e-mails que precisamos responder. Descobri que posso realizar o dobro ou mesmo o triplo de trabalho concentrado quando não sou distraído pelo telefone. Então, com todo o tempo que economizei, posso quase sempre responder ao que é preciso quando todo o resto já foi feito.

6

EVITE A OSTENTAÇÃO PROFISSIONAL

Uma das muitas coisas que faço profissionalmente é viajar pelo país dando palestras para empresas e outros grupos sobre a redução do estresse, a conquista da felicidade e maneiras variadas de deixar de fazer tempestade em copo d'água. Em algumas dessas funções, sou solicitado a participar de reuniões, jantares e festas, antes ou depois da minha palestra. E embora eu seja uma pessoa razoavelmente discreta, que gosta de ficar sozinha, particularmente antes de falar para um grupo grande, diria que a maioria das pessoas que conheci são indivíduos agradáveis, inteligentes, talentosos e bem-intencionados.

Todavia, notei uma tendência destrutiva, que parece estar presente em praticamente todos os indivíduos, empresas e mercados. É a tendência que chamo de "ostentação empresarial".

A ostentação empresarial é dizer aos outros — não só *en passant*, mas no centro de uma conversa — como você está incrivelmente ocupado e como trabalha duro. É quase como se usássemos uma medalha de honra por sermos pessoas totalmente sobrecarregadas, privadas do sono, e que possuem pouca ou nenhuma vida pessoal. Ouvi centenas de pessoas discutindo sobre o número de horas que trabalham, assim como o número de horas que não dormem a cada noite. Ouvi outras tantas explicarem como a exaustão faz parte regular das suas vidas. Elas discutem a hora que chegam ao escritório e o número de meses que se passaram desde a última vez em que dedicaram algum tempo de qualidade aos seus cônjuges, filhos ou entes queridos, ou tiveram um período de férias. Ouvi pessoas se vangloriando de não terem tempo de ir a encontros, de serem tão ocupadas e frenéticas que se esqueciam de comer, e até mesmo algumas pessoas que chegaram a afirmar que raramente tinham tempo de ir ao banheiro.

Embora "ostentação empresarial" seja uma expressão atraente, a tendência em si certamente não se limita a pessoas que trabalham no mundo empresarial. Sem dúvida, é um hábito que parece ter assumido o controle sobre a maioria das pessoas que trabalham para viver — e é extremamente difundido.

Antes de prosseguir, deixe-me garantir que não estou menosprezando o trabalho duro das pessoas ou as dificuldades e exigências do trabalho — eu também já passei por isso. O problema é que se vangloriar a respeito de suas ocupações reforça, para você mesmo, como você está estressado. Isso o mantém excessivamente centrado nos aspectos mais negativos do seu trabalho, tornando-se uma profecia que se cumpre e o faz prisioneiro do próprio negócio.

Se você der um passo atrás e pensar sobre o assunto, provavelmente vai concordar que a ostentação empresarial também é um assunto tedioso e improdutivo. Já observei muitas conversas sobre esse tema e ainda não vi ninguém, mesmo que ligeiramente, interessado em ouvir como os outros estão ocupados. Geralmente o ouvinte (se você pode chamá-lo assim) está esperando a sua vez de falar sobre como está ocupado, ou está olhando para o lado, prestando pouca atenção no que está sendo dito. Na verdade, "estar ocupado" é um assunto ultrapassado — todo mundo já está falando sobre isso.

Pense nisso segundo a perspectiva daqueles com quem você está falando. A menos que eu esteja perdendo alguma coisa, independentemente de quem você seja ou do seu trabalho, não é muito interessante ouvir sobre como você está ocupado ou sobrecarregado. Na verdade, é muito chato. Pessoalmente, não suporto ouvir pessoas reclamando disso e tento ao máximo evitá-las. Seja realista. Você estaria interessado em ouvir como eu estou ocupado? Espero que não. Gostaria de estar sempre perto de pessoas que discutem aspectos interessantes da vida — e tenho certeza de que você também.

Assim, seja qual for o seu ponto de vista, a ostentação não faz nenhum bem. Se você está ocupado demais, precisa diminuir sua carga de trabalho ou pôr as coisas em dia. Mas falar sobre isso com os outros só vai aumentar o seu estresse e tornar você uma pessoa menos interessante.

7
APROVEITE AO MÁXIMO AS REUNIÕES TEDIOSAS

Realizei uma pesquisa bastante abrangente, perguntando do que as pessoas menos gostavam no seu trabalho. Repetidas vezes elas confessaram seu desagrado em relação ao grande número de reuniões, especialmente as "tediosas". Várias pessoas consideram inteiramente desnecessárias muitas das inúmeras reuniões das quais têm de participar diária e semanalmente.

É verdade que devido à natureza do meu trabalho não preciso participar de tantas reuniões quanto algumas pessoas. Contudo, desenvolvi uma estratégia para reuniões que me ajuda um bocado. E aqueles que a experimentaram me relataram um resultado similar.

Descobri dois segredos para tornar praticamente qualquer reunião interessante e o mais produtiva possível. A primeira coisa que faço é usar a reunião para praticar a técnica "fixar-se no momento presente". Em outras palavras, tento me concentrar na reunião — sem permitir que minha mente vagueie. Esta tentativa deliberada de me concentrar permite que eu obtenha o melhor proveito daquela experiência. Afinal de contas, já estou ali de qualquer jeito. Posso passar o tempo desejando estar em outro lugar — ou posso ficar pensando sobre o que vou fazer depois. Ou então, posso praticar estar verdadeiramente presente e ser um excelente ouvinte. Isso me ajuda a ser altamente receptivo ao que está sendo discutido. Desta maneira, se houver alguma coisa que eu possa fazer para contribuir, serei capaz de fazê-la.

Desde que comecei a agir assim, descobri que as reuniões de que participo se tornaram muito mais interessantes. Pareço ficar mais inspirado e sinto que tenho mais a oferecer. Também notei uma sensação de maior respeito da parte dos outros. Elas podem não estar conscientes disso, mas parece que quando as pessoas que estão presentes a uma reunião sentem que você está realmente prestando atenção, também querem prestar atenção em você. Existe uma forte sensação de merecida confiança que surge quando você está verdadeiramente presente. As pessoas são atraídas pela sua energia e pela força de sua presença.

O segundo compromisso que assumi em relação a reuniões é dizer a mim mesmo que vou aprender algo novo em cada uma delas. Assim, escuto atentamente o que está sendo dito, tentando ouvir alguma coisa que ainda não saiba. Em outras palavras, em vez de comparar o que estou ouvindo com aquilo em que já acredito — concordando ou discordando mentalmente com o que está sendo dito — busco uma nova sabedoria, uma nova compreensão, ou uma nova forma de fazer algo. Descobri que quando a minha intenção é aprender, quase sempre aprendo. Em vez de pensar "Está bem, está bem, já sei tudo isso", tento limpar a minha mente e me permito ter uma mente de iniciante.

Os resultados têm sido bastante impressionantes e significativos. A minha curva de aprendizado aumentou consideravelmente e as reuniões se tornaram divertidas novamente. Aprendi a aproveitá-las ao máximo. Vejo as coisas da seguinte maneira: eu já estou mesmo naquela reunião. Por que não passar o tempo de uma maneira produtiva e saudável, praticando técnicas emocionais valiosas em vez de desejar estar em outro lugar? Fazer isso torna a minha vida profissional mais interessante e eficiente.

8
PARE DE ANTECIPAR O CANSAÇO

Recentemente eu estava num voo de San Francisco para Chicago quando ouvi uma das conversas mais bobas que se possa imaginar. Demonstra um erro crucial, mas bastante comum e cometido constantemente. A conversa, que deve ter durado pelo menos meia hora, tinha como tema o cansaço que acometeria aquelas duas pessoas no dia seguinte e durante toda a semana!

Era como se cada uma tentasse convencer a outra, e talvez a si mesma, de quantas horas e quão duro estava trabalhando, como dormiria pouco e, acima de tudo, como ficaria cansada. Não sei exatamente se estavam se gabando ou reclamando, mas uma coisa é certa, pareciam mais e mais cansadas à medida que continuavam a conversar.

Elas diziam coisas como: "Puxa, vou ficar muito cansado amanhã", "Eu não sei como vou aguentar o restante da semana", e "Só vou ter três horas de sono esta noite". Contaram histórias de horas extras até tarde, falta de sono, camas de hotel desconfortáveis e reuniões de manhã bem cedo. Essas pessoas anteciparam a exaustão e tenho certeza de que as suposições eram corretas. As vozes eram pesadas, como se a falta de sono que ainda teriam já as estivesse afetando. Cheguei a sentir-me cansado só de ouvir parte da conversa!

O problema de antecipar o cansaço desta maneira, ou de qualquer outra forma, é que isso claramente reforça o cansaço. A sua atenção é fixada no número de horas que você vai dormir e quão cansado ficará. Então, quando acordar, você provavelmente vai fazer isso de novo ao recordar-se de como se passaram poucas horas desde que colocou a cabeça no travesseiro. Sabe-se lá o que realmente vai acontecer, mas acho que antecipar o cansaço deve fazer com que chegue ao seu cérebro uma mensagem *lembrando-o* de sentir-se e de agir cansado, porque foi assim que você se programou para responder.

É claro que todo mundo precisa de algum descanso. Eu já li alguns artigos sugerindo que muitos de nós — se não a maioria — não dormem o bastante. E se você está cansado, a melhor solução possível provavelmente seria dormir mais. Nas situações, entretanto, em que isso não é possível, a pior coisa a fazer, na minha opinião, é se convencer antecipadamente de que você vai ficar exausto. Descobri que a melhor estratégia é descansar o máximo possível e ficar agradecido pelo tempo que conseguir.

Como viajo muito para dar palestras e participar de eventos promocionais, existem ocasiões em que durmo somente três ou quatro horas, às vezes até menos. Já percebi, contudo, que se simplesmente esquecer disso — evitar completamente a tendência de contar — ficarei muito mais descansado com o tempo que conseguir dormir. Então, assim que posso, tiro uma soneca, e geralmente fica tudo bem. Outra coisa que tento não fazer nunca é falar sobre minha insônia com outras pessoas. Aprendi que, quando faço isso, sempre acabo me sentindo mais cansado.

Já observei esse hábito de antecipar o cansaço permeando as conversas de muitas pessoas (não se sinta mal, eu também já fiz isso várias vezes no passado). Se você costuma agir assim, procure evitar ao máximo essa tendência. Dessa forma, descobrirá que está se sentindo menos cansado. Parece razoável acreditar que, se você não estiver tão cansado, provavelmente não vai fazer tanta tempestade em copo d'água no trabalho.

9
NÃO SE INCOMODE COM A BUROCRACIA

Não consigo imaginar que haja muitas pessoas que trabalhem para seu sustento que não tenham que lidar com, pelo menos, alguma forma de burocracia. Afinal de contas, existem agências locais, estaduais e federais, companhias de seguro, Previdência Social, assistência médica, a empresa de correios, o Departamento de Trânsito, a prefeitura, procedimentos de pagamento, licenças comerciais, autorizações necessárias, agências reguladoras e naturalmente, o imposto de renda — só para citar algumas. A maioria das indústrias parece ter postos próprios — educacional, médico, farmacêutico, alimentos, agências e de outros tipos de transporte, e todo o resto.

Você pode, naturalmente, passar toda a vida reclamando da burocracia, desejando que ela desaparecesse e lutando com ela o tempo todo. Você pode lutar, participar de diálogos negativos, imaginar guerras na sua cabeça e ficar maluco. No final, contudo, vai acabar tendo de lidar com a burocracia. A minha sugestão, portanto, é que pare de esquentar a cabeça e, de fato, lute para fazer as pazes com a burocracia. Isto é algo que pode ser feito.

Joe tem uma pequena empresa com seis funcionários. Ele recebeu um aviso da sua agência de impostos estadual confirmando o fechamento da sua empresa. O problema era que ela não estava fechada! Quando ele ligava ou escrevia para esclarecer a questão, ouvia, repetidas vezes, que deveria estar enganado — a empresa estava oficialmente fechada. Demorou seis meses, mas o problema foi finalmente resolvido.

A chave para a resolução definitiva do problema foi a falta de pânico de Joe. Ele me disse: "Estatisticamente, mais cedo ou mais tarde, alguma coisa assim tinha de acontecer." Em vez de entrar em pânico ou ficar maluco, ele manteve a calma e conservou a objetividade.

Vou tentar ser o mais claro possível. Não estou sugerindo que você se entregue e vire uma vítima da burocracia — ou que ache aceitável ficar amarrado a ridículos nós burocráticos. Tampouco estou sugerindo que sorria diante das conclusões "de outro planeta" que alguns burocratas conseguem ter. O que estou sugerindo é que ache uma maneira de maximizar sua eficiência quando precisar lidar com a burocracia, fazer o melhor que puder com ela, dar sugestões para melhorar o sistema e depois se afastar da maluquice toda.

Ao lidar com a burocracia é importante ter a seguinte postura: "Sei que existe uma solução aqui e sei que isto será resolvido." Certamente existem exceções indescritíveis em que a confusão é tamanha que não parece haver saída, mas felizmente, na grande maioria dos casos, chega-se, finalmente, a uma resolução quando se é paciente, persistente e tranquilo. Mantenha o senso de humor e, se possível, veja se pode aceitar o fato de que regras e regulamentos têm uma função em nossa sociedade. Nós apenas permitimos que elas fugissem um pouco de nosso controle.

No ano passado estive aprisionado em duas incríveis teias burocráticas — uma com o Departamento de Trânsito e outra com uma agência municipal que tratou de um projeto relacionado com uma casa. Nos dois cenários, depois de um curto período, a lógica e o senso comum foram eliminados da questão. Fiquei pensando em que planeta estaria! As duas situações, no entanto, acabaram se resolvendo.

Este é um ponto positivo. Existem pessoas dentro da burocracia que não se encaixam no molde — são flexíveis e tentam ser úteis. Quando você precisar lidar com a burocracia, tente encontrar essas pessoas — elas estão por aí. Nas minhas duas aventuras recentes fui auxiliado por algumas pessoas maravilhosas e interessadas que haviam saído de uma confusão fazia pouco tempo. E quer saber o que mais? A maioria das pessoas que trabalha para uma burocracia está tão frustrada quanto você e eu. Geralmente, são pessoas realmente agradáveis que estão, até certo ponto, aprisionadas num papel.

Tenha em mente que as pessoas que trabalham para o Imposto de Renda também precisam pagar impostos — e a maioria das pessoas que trabalha para o Departamento de Trânsito provavelmente dirige. Elas são exatamente como o restante de nós; nenhuma delas está isenta da burocracia. Então, a lição é esta: quanto mais você mantiver o controle e a compostura, e for objetivo, mais provável será que você encontre alguma dessas pessoas legais para ajudá-lo. Ficar frustrado só torna as coisas piores; desperta o pior lado dos burocratas e os encoraja a consultarem o livro de regras em vez de encontrarem uma solução verdadeira.

Sei que este é um problema sério — inclusive para mim. Mas as nossas opções não são boas. Pensei um bocado sobre isso, e cheguei à conclusão de que não vale a pena ficar frustrado. É muito melhor não se incomodar com a burocracia.

10

LEMBRE-SE DA FRASE "ESTAR MORTO É RUIM PARA OS NEGÓCIOS"

Muitos anos atrás meu pai se envolveu com uma organização maravilhosa chamada BENZ, que significa Business Executives for National Security [Executivos de Negócios pela Segurança Nacional]. Uma das suas missões era orientar os profissionais do mundo dos negócios sobre o absurdo da corrida armamentista nuclear, tanto em termos financeiros como em termos do perigo para todos nós. Um dos meus ditados favoritos, aprendido na BENZ, era: "Estar morto é ruim para os negócios." De uma maneira bem-humorada, enfatiza o óbvio — se explodirmos, ninguém vai prosperar!

Aposto que você pode adivinhar o que quero dizer com isso. É claro que se pode facilmente estender esta inteligente metáfora à maneira como tratamos a nós mesmos — particularmente no que diz respeito à nossa saúde pessoal. O ditado continua sendo verdadeiro, seja qual for o ponto de vista: estar morto é ruim para os negócios.

Lembrar-se disso realmente ajuda a ter uma visão objetiva. Por exemplo, quando você diz coisas como "eu não tenho tempo para fazer exercícios", o que você realmente deveria estar dizendo é: "Eu não tenho tempo para *não* fazer exercícios." Se você perder a sua saúde e a sensação de bem-estar, não será capaz de trabalhar.

A longo prazo, gasta-se muito menos tempo para cuidar da saúde do que se você perder a capacidade de funcionar bem.

Jim era um dos sócios numa grande firma jurídica de Nova York. Muito embora ele amasse a sua família tanto quanto qualquer um, estava queimando a vela nas duas pontas. Ele saía cedo e chegava tarde em casa. Viajava muito e vivia sob constante estresse. Seus filhos estavam crescendo e ele estava perdendo a maior parte do que lhes acontecia; dormia pouco e não fazia exercícios. Ele me disse: "Richard, neste ritmo vou acabar morrendo." Para piorar as coisas, não parecia haver uma luz no fim do túnel. Quanto mais valioso ele se tornava para a firma, mais exigências eram feitas em relação ao seu tempo.

Em um determinado momento, foi demais. Depois de pensar muito, ele chegou à conclusão de que, por mais importante que o trabalho fosse para ele, não valia a pena que ele morresse, tampouco que perdesse a oportunidade de ver os filhos crescendo. Decidiu, então, que estava na hora de mudar. Deixou a firma e foi trabalhar sozinho. Nunca vi uma transformação mais magnífica. Há pouco tempo, ele me disse: "Nunca estive tão feliz. Os negócios estão melhores do que nunca e, pela primeira vez, tenho sido capaz de passar um período razoável com Julie e os garotos." Embora ainda trabalhe muito, Jim criou um senso de equilíbrio que funciona bem para ele. Não tenho dúvidas de que se continuasse no caminho anterior, sua saúde e felicidade continuariam a se deteriorar. Parece que ele, literalmente, decidiu que estar morto não seria bom para os negócios!

Obviamente, nem todos podem realizar uma mudança tão radical e arriscada, mas não faz sentido comer bem, se exercitar, descansar bastante, pensar positivamente, fazer exames médicos regulares e ter outros hábitos saudáveis? Além dos problemas óbvios associados à ignorância desses hábitos saudáveis de senso comum, você pode ver que, a longo prazo, também significa um horrível desperdício de tempo. Cada resfriado ou gripe custa dias de trabalho produtivo. Quem sabe quantos anos poupará simplesmente se cuidando?

Lembrando-se de que "estar morto é ruim para os negócios", você provavelmente vai começar a se cuidar — física e emocionalmente. Vai sentir-se melhor, ser mais feliz, e provavelmente viverá mais. Vai poder deixar de lado o medo de ficar para trás porque, na verdade, será mais produtivo e terá uma carreira mais longa e feliz. Portanto, mantenha-se vivo e saudável. É bom para os negócios.

11
APROVEITE AO MÁXIMO AS VIAGENS DE NEGÓCIOS

Para muitos profissionais do mundo dos negócios as viagens obrigatórias são um tanto raras, quando não inexistentes. Contudo, aqueles de nós que precisam viajar, especialmente os que precisam viajar muito, conhecem bem as mazelas associadas às viagens frequentes. Correr para cima e para baixo, atrasos e cancelamentos, longos períodos em espaços fechados, intermináveis multidões impacientes, traumas de segurança relacionados a voar, viver com malas, mudanças de fuso horário, problemas com o sono, comida de hotel e muitos outros fatores são simplesmente um mal necessário.

Provavelmente não existe uma solução satisfatória para as constantes exigências das viagens frequentes. É realmente algo muito cansativo. Existem, contudo, várias coisas que podemos fazer para que nossas viagens sejam o mais agradável possível.

Para começar, sugiro que você seja mais amigável com as aeromoças nos seus voos. Já me disseram várias vezes que sou o passageiro mais cordial que uma aeromoça "já viu". Isto me perturba um pouco porque não gosto realmente de voar e provavelmente não estou no meu melhor humor quando viajo de avião. Isso deixa claro que a maioria de nós fica terrivelmente impaciente quando viaja. Tente lembrar-se de que as aeromoças não só precisam voar para ganhar o pão de cada dia como também precisam tentar nos manter seguros e confortáveis.

Descobri que quando me esforço para ser generoso, dizer obrigado e ser compreensivo e cordato, o tempo passa muito mais rápido e meus voos são muito mais agradáveis. Quando sou amigável, as aeromoças também costumam ser. Elas fazem o máximo para que o meu voo seja o mais aprazível possível e, posso estar imaginando coisas, mas acho que os outros passageiros também parecem ficar mais alegres.

Faço a mesma coisa enquanto espero nas filas de bilhetes. Você ficará surpreso ao ver como as pessoas se tornam mais agradáveis quando você é agradável primeiro! Já fui "misteriosamente" transferido para a classe executiva ou para a primeira classe quando tinha comigo um bilhete da classe econômica — e recebi locais preferenciais (ou uma vaga num voo completamente vendido) em várias ocasiões, simplesmente porque era o único passageiro na fila que não estava reclamando ou brigando com os agentes de viagem. Durante viagens a negócios, a complacência e a paciência são muito lucrativas.

Além disso, há algumas coisas mais óbvias. Tente não comer demais em aviões. De vez em quando chego até a adiar minha refeição, e sempre fico feliz por tê-lo feito. Se você precisa beber álcool, beba o mínimo possível. Quando você come e bebe demais em aviões (e quase todo mundo com quem viajo faz isso), fica zonzo e entorpecido. Isso torna a sua recuperação muito mais difícil e também complica o controle de peso.

Leve não apenas um mas vários bons livros. Durante o voo o seu humor pode fazer coisas estranhas com você. É um bom momento para ler um livro que você não leria normalmente. Use o tempo do voo para tentar algo diferente; um romance, por exemplo, ou um suspense. Conheci pessoas que aprenderam uma língua estrangeira enquanto voavam. Compraram um curso em áudio, fecharam os olhos, relaxaram e aprenderam. Ouvi dizer que depois de mais de 150 mil quilômetros elas conseguiram falar francês ou espanhol!

Naturalmente, o tempo pode ser sempre usado para trabalhar. Acho que pelo menos um quarto deste livro foi escrito (ironicamente, não este capítulo) num avião. Não em todos os casos, mas quase sempre é possível fazer algo em aviões que leve tempo ou, como no meu caso, um trabalho criativo. Como já mencionei, não gosto realmente de voar. Contudo, já cheguei ao ponto em que realmente antecipo o trabalho que *sei* que vou realizar nos aviões.

Ao chegar ao seu destino, tente tirar vantagem de qualquer situação em que estiver. Você já quis aprender a meditar ou a fazer ioga? Se for este o caso, que melhor lugar poderia haver do que a solidão de um quarto de hotel silencioso? Precisa colocar seu trabalho em dia? Ótimo, ele é silencioso e não há perturbações. Tente fazer alguns exercícios, mesmo que seja no quarto. Ou então, caminhe antes dos seus encontros, ou à noite, depois de trabalhar. Descobri que quartos de hotel são ótimos para entrar em contato com os velhos amigos. Raramente, ou nunca, tenho tempo de telefonar de casa ou do escritório. Mas, eventualmente, em quartos de hotel, posso sentar-me numa poltrona confortável e contatar um velho amigo.

Acho que posso assim resumir: aproveite ao máximo a situação. Seja criativo. Invista em si mesmo. Em vez de reclamar da sua viagem, tente fazer algo quanto a isso. Algum dia, quando você estiver recordando a sua carreira, provavelmente dirá uma destas duas coisas. Ou vai dizer: "Nossa, eu tinha de viajar um bocado e era um pesadelo." Ou vai dizer: "Nossa, eu viajava um bocado a trabalho, mas era ótimo. Eu fazia de tudo para aproveitar a situação ao máximo." De qualquer maneira, a viagem já terá acabado. A diferença não estará no número de dias que viajou, ou para quais cidades. Tampouco estará nas horas de voo que acumulou. Certamente ela estará na sua atitude, e só. Assim, da próxima vez que viajar a negócios, aproveite ao máximo — e faça uma boa viagem.

12

ACENDA UMA VELA EM VEZ DE AMALDIÇOAR A ESCURIDÃO

Esta é uma das estratégias para uma vida melhor que venho escutando há muitos anos. E embora às vezes eu esqueça de colocar em prática esta sabedoria, tento me lembrar dela sempre que possível. É extremamente simples e confiável, no entanto, muitas vezes completamente ignorada. Como o título sugere, essa estratégia implica tomar atitudes positivas — ainda que pequenas — e direcionadas para uma solução capaz de melhorar uma situação, em vez de reclamar daquilo que está errado. Significa dar andamento à solução em vez de ficar remoendo ou reforçando o problema. Descobri que o trabalho é o ambiente ideal para praticar esta filosofia.

Enquanto trabalhamos, é fácil cair na armadilha de desperdiçar tempo e energia observando e reclamando dos erros do mundo — o modo como as coisas são, a economia, as pessoas negativas, as mudanças no mercado, a cobiça, a falta de compaixão, a burocracia e assim por diante. Afinal de contas, se estamos procurando a confirmação de que o mundo está cheio de problemas, não precisamos ir muito longe para provar nossos pressupostos.

Se você olhar com cuidado, vai notar que, na maioria dos casos, reclamar com os outros sobre os problemas no trabalho ou pensar excessivamente neles só serve para aumentar seu próprio nível de estresse, tornando, assim, ainda mais difícil fazer qualquer coisa sobre aquilo que o está incomodando. À medida que nos concentramos no problema e o discutimos com os outros, podemos reforçar nossa crença de que a vida é difícil e estressante, o que ela de fato pode ser. Quando nos concentramos demais no que é errado, lembramos de coisas que desaprovamos ou que gostaríamos que fossem diferentes, e isso pode nos proporcionar sentimentos de desânimo ou esgotamento.

É interessante, porém, notar que em muitos casos você não só diminui um problema, como também reduz seu próprio nível de estresse no processo quando simplesmente opta por "acender uma vela". Colocando de maneira simples, isto significa fazer uma sugestão ou dar um passo positivo para melhorar uma fonte de estresse; significa enfatizar uma solução potencial e desprezar "amaldiçoar" o problema.

Por exemplo, suponhamos que a fofoca ou a maledicência seja um sério problema onde você trabalha. Em vez de ficar ressentido ou frustrado diante desse mau hábito, você pode fazer um pequeno ataque ao problema. Reúna alguns dos seus amigos e sutilmente traga o assunto à baila. Mas em vez de acusar alguém, concentre-se na sua própria contribuição. Confesse que é tão culpado quanto qualquer um ao entregar-se a uma fofoca ocasional e declare que vai fazer um esforço genuíno para que isso não aconteça de novo. Convide os outros a agir dessa mesma forma. Faça esse convite de forma delicada e sem ameaças. Focalize os benefícios positivos da diminuição da fofoca — sentimentos mais agradáveis entre as pessoas, não ter de se preocupar tanto com o que os outros estão falando de você, menos estresse, e assim por diante. Em muitos casos, as pessoas com quem trabalha aproveitarão a oportunidade para se unir a você — simplesmente porque você deu o primeiro passo. Mesmo que elas não o façam, você terá tomado uma atitude positiva para reduzir um desagradável hábito coletivo. De qualquer maneira, você vence!

Conheci Sarah no setor de emissão de carteiras de motorista. Era a funcionária mais amigável que conheci na função que desempenhava. Na sua fila, que se movia rapidamente, as pessoas sorriam e iam embora satisfeitas. Não pude deixar de lhe perguntar qual era o seu segredo. Ela disse o seguinte: "Passei vários anos decepcionando os clientes com a desculpa 'isso não é do meu departamento'. Na verdade, pelo menos na metade das vezes eu conhecia a resposta às perguntas, e na maioria dos casos poderia ter sido muito mais útil. Praticamente todos na fila ficavam zangados comigo ou irritados com a minha postura burocrática. Num determinado ponto, não suportei mais o meu comportamento mal-humorado e decidi mudar. Agora, sempre que possível, ajudo as pessoas em vez de decepcioná-las e forçá-las a esperar em outra fila. Tudo mudou; a maioria das pessoas agora agradece. Sinto-me mais satisfeita e meu trabalho é muito mais divertido."

Viu como é fácil acender uma vela?

13
ENTRE PARA O MEU NOVO CLUBE, "GDEH"

Até agora, o mundo dos negócios era dividido basicamente em dois clubes. De longe, o clube mais popular era o clube "GDES", ou "Graças a Deus é Sexta-Feira". Para ser um integrante deste clube, toda a sua atenção deve estar voltada para o fim de semana. Os membros pensam, antecipam e esperam pelas sextas-feiras para que possam sair do trabalho. A maioria dos membros deste clube é altamente estressada, porque só consideram bons dois dias da semana. Até mesmo o domingo é considerado um dia estressante, já que no dia seguinte eles precisam voltar ao trabalho.

O outro clube de negócios é substancialmente menor, mas, de certa forma, seus membros são mais dedicados. Este é chamado de "GDESF" (Graças a Deus é Segunda-Feira). Estes membros costumam ser workaholics — não suportam fins de semana porque ficam longe do trabalho! São também altamente estressados porque, embora geralmente haja cinco dias da semana para se preocuparem com o trabalho, há sempre aquele maldito fim de semana que fica no caminho. O dia mais difícil da semana costuma ser a sexta-feira, porque significa que o membro se ausentará do trabalho durante alguns dias. Eles podem até tentar trabalhar nos fins de semana, mas as exigências familiares acabam interferindo.

Nem é preciso dizer que os membros dos dois clubes acham que os membros do "outro clube" são completamente malucos!

Estou convidando você para fazer parte de um clube alternativo. Minha esperança é que juntos possamos chegar a uma participação de 100%. Na verdade, gostaria de tirar os outros dois clubes do negócio! Este novo clube se chama "GDEH" (Graças a Deus é Hoje). Seus membros ficam felizes durante os sete dias da semana porque compreendem que cada dia é único, e traz consigo dádivas diferentes. São pessoas felizes por estarem vivas; são felizes com suas muitas bênçãos e esperam que cada dia seja cheio de beleza, surpresas e oportunidades.

Não existem requisitos para unir-se ao clube "GDEH", a não ser o desejo de melhorar a qualidade de vida e de apreciar em vez de lamentar cada dia. Os membros deste clube compreendem que é inútil desejar que qualquer dia seja diferente. Eles sabem que as segundas-feiras não se importam se você gosta ou não delas — elas simplesmente continuam sendo segundas-feiras. Do mesmo modo, as sextas-feiras continuarão chegando a cada sete dias, quer você queira quer não. Cada um de nós é que deve tornar cada dia o mais especial possível. A intensidade de desejo não fará a menor diferença.

Por mais simples que pareça, a vontade de participar deste clube pode fazer uma diferença substancial na postura que você assume no trabalho, ou em toda a sua vida. Simplesmente pense: se você despertar todos os dias da semana com esta atitude, "estou feliz porque hoje é hoje" ou "vou tornar este dia o mais positivo e maravilhoso que puder", ficará surpreso com a redução do seu nível de estresse. Esta simples mudança de atitude é extremamente valiosa para alcançar vivências mais positivas tanto na vida quanto no trabalho.

14
NÃO SE INCOMODE COM O CHEFE EXIGENTE

Na minha estimativa, uma grande porcentagem dos adultos que conheço está trabalhando, ou trabalhou, para um chefe exigente. Como os prazos finais, os impostos e os orçamentos, os chefes exigentes parecem ser um fato da vida para muitos trabalhadores. Mesmo que você não trabalhe "para" outra pessoa, pode trabalhar "com" pessoas exigentes ou depender delas para pagar suas contas ou, ainda, ter clientes exigentes que precisa agradar.

Como tudo o mais, existem duas maneiras de lidar com chefes exigentes. Podemos, como faz a maioria, reclamar deles, falar mal deles pelas costas, desejar que desapareçam, arquitetar planos contra eles nas nossas mentes, desejar-lhes o mal, e ficar sempre estressados com a situação. Ou podemos seguir um caminho diferente e tentar (por mais difícil que isso seja) manter-nos concentrados nos aspectos positivos do indivíduo exigente.

Este é um conceito particularmente difícil para mim, já que sempre detestei que me obrigassem a cumprir minhas tarefas. Contudo, depois de lidar com muitas pessoas agressivas ao longo de minha carreira, percebi algumas coisas importantes.

A primeira "graça salvadora" que percebi nas pessoas exigentes é que, de modo geral, elas são exigentes com todo mundo. Em outras palavras, não é pessoal. Antes de reconhecer que era assim que a coisa funcionava, eu acreditava, como muitos, que o Sr. ou Sra. Exigente estivesse querendo "me pegar". Eu levava o comportamento exigente para o lado pessoal e me sentia pressionado. Então, acabava aumentando o problema pensando nos motivos ocultos daquela pessoa, criando uma explicação na minha cabeça para justificar o meu "direito de estar zangado". Então eu ia para casa de noite e reclamava com a pobre esposa Kris, que já ouvira a minha história várias vezes.

Tudo isso começou a mudar quando passei a enxergar sinais de inocência na pessoa exigente. Em outras palavras, comecei a ver que, de uma maneira muito real, ela efetivamente não podia evitar — estava presa ao papel de exigente. Isto não muda a minha preferência por trabalhar com pessoas menos exigentes, mas ficou mais fácil aceitar a exigente quando necessário.

Há alguns anos quando trabalhava num livro, fui forçado a lidar com um editor muito exigente. Estava tendo dificuldades com todas as críticas e cobranças, quando uma amiga minha fez uma pergunta muito importante. Ela disse: "Você já pensou que as pessoas mais exigentes geralmente são aquelas que tiram você de um certo comodismo e o ajudam a atingir outro nível de competência?" Até aquele momento eu não havia percebido que isto era verdade. Ao fazer um retrospecto na minha carreira, percebo, agora, que muitas vezes as pessoas exigentes faziam com que eu me esforçasse ao máximo. Tudo — desde meu estilo de escritor, minha habilidade em usar um computador e me ajustar à tecnologia, até minha habilidade de falar em público — foi aprimorado devido ao contato que mantive com pessoas exigentes, até mesmo rudes.

Suzanne trabalhava para alguém que só poderia ser descrito como "um verdadeiro idiota". Ela o descreveu como "alguém que é exigente apenas porque é exigente". Ele parecia ter uma perversa sensação de poder quando mandava nas pessoas.

Com exceção de Suzanne, todo mundo no escritório estava assustado ou ressentido com o chefe exigente. Por algum motivo, ela teve a sabedoria de enxergar além do seu grande ego e do seu comportamento desagradável. Sempre que possível, tentava ver o humor da situação e em vez de odiá-lo tentava ver se era possível aprender com as habilidades em vez de se concentrar nas falhas dele. A sua curva de aprendizado foi alta. Não demorou muito para que a sua capacidade de permanecer calma num ambiente hostil fosse notada pelo empregador do seu chefe, e ela foi promovida para uma posição mais interessante num outro departamento.

Perceber que existem dois lados nas pessoas exigentes — o positivo e o negativo — tornou toda a minha vida, especialmente minha vida profissional, muito mais fácil. Enquanto antes eu me colocava na defensiva, temendo o processo, agora me aproximo das pessoas exigentes de uma maneira completamente diferente. Estou aberto ao que elas podem me ensinar e não levo seu comportamento para o lado pessoal. O que aconteceu é bastante notável. Como estou menos agressivo e menos na defensiva do que antes, as pessoas "exigentes" que conheço e com quem trabalho parecem estar muito mais fáceis de conviver. Hoje percebo que a minha reação exagerada às pessoas exigentes tinha muito a ver com a dificuldade que eu sentia em lidar com elas. Como costuma ser o caso, eu tinha amadurecido e estava disposto a abrir a mente para contribuir na solução dos meus problemas. Fui recompensado com uma vida mais fácil. Não estou defendendo o comportamento exigente, que ainda vejo como um traço de personalidade negativo e agressivo. Contudo, aprendi a viver com ele e a considerá-lo "coisa pequena". Talvez o mesmo possa acontecer com você.

15

LEMBRE-SE DE RECONHECER A CONTRIBUIÇÃO DOS OUTROS

◇◇◇◇◇◇◇◇◇◇◇◇

Não consigo pensar numa única pessoa que não goste ou aprecie o reconhecimento. Por outro lado, a maioria das pessoas fica ressentida, ou pelo menos se sente esnobada, quando não é reconhecida. Neste caso, parece que não há o que pensar.

É possível demonstrar reconhecimento de várias maneiras. Quando alguém telefona, responda à chamada. Quando enviam alguma coisa para você, lembre-se de agradecer ou escreva um bilhete. Quando alguém faz um bom trabalho, diga isso a ele. Quando lhe pedem desculpas, reconheça isso também. É especialmente importante reconhecer atos de generosidade, fazê-lo reforça o ato e encoraja que se repita. Todos nos beneficiamos.

Quase todo mundo gosta de ser reconhecido. Adoramos quando respondem aos nossos telefonemas, quando somos elogiados por um grande trabalho, quando nos agradecem por trabalharmos com empenho, quando nossa criatividade é apreciada, quando nos lembram de que somos especiais.

Aproximadamente cinquenta pessoas prestavam contas a Dennis, que chefiava um grande departamento numa seguradora. Ele tinha o hábito de achar que todos não faziam mais do que sua obrigação. Suas palavras exatas para mim foram as seguintes: "A minha filosofia costumava ser que as pessoas tinham sorte de ter um trabalho. Eu achava que se alguém estava fazendo um bom trabalho, sua recompensa seria mais um salário." Encorajei-o a pensar de uma maneira mais afetiva e generosa e a expandir sua definição de reconhecimento. Levou algum tempo, mas ele foi capaz de fazê-lo de uma maneira genuína e cordial.

Ao fazer um retrospecto, ele mal pôde acreditar na maneira como costumava se comportar. Ele me disse: "Todos que trabalhavam comigo viviam assustados e inseguros, e ninguém se sentia valorizado. Hoje em dia, tento sempre me lembrar de reconhecer um trabalho bem-feito. Posso sentir uma enorme diferença. As pessoas estão mais leves, mais felizes, menos na defensiva e mais leais do que antes. Provavelmente vai levar mais tempo, mas sinto que essas pessoas estão começando a me perdoar. Aprendi que preciso dos meus empregados tanto quanto eles de mim."

Devemos reconhecer o trabalho dos outros não só para receber algo em troca, mas porque é a coisa certa a fazer — porque faz com que as pessoas se sintam bem. Todavia, preciso dizer que neste caso "fazer a coisa certa" vai ajudá-lo. É difícil quantificar, mas tenho certeza de que o reconhecimento da contribuição teve um papel crucial no meu próprio sucesso como profissional e ser humano. Escrevi centenas de cartas de agradecimento e dei centenas de telefonemas somente para reconhecer os atos alheios. Sei que de vez em quando, no entanto, deixo a peteca cair e as coisas passam despercebidas. A minha intenção, contudo, é valorizar todo mundo, sempre que o reconhecimento for devido. Repetidas vezes fui elogiado e me agradeceram por ser "a única pessoa que se deu ao trabalho de reconhecer".

As pessoas se lembram do reconhecimento e o apreciam. Quando precisar de um favor ou conselho, com frequência o fato de você anteriormente ter-se dado ao trabalho de reconhecer volta para ajudá-lo. Isso faz com que os outros queiram realmente auxiliá-lo e fazer com que você tenha sucesso. Além disso, as pessoas que foram genuína e afetivamente reconhecidas são muito tolerantes. Conseguirão enxergar além dos seus erros e fracassos e o perdoarão espontaneamente. É desnecessário dizer que tudo isso torna a vida mais fácil e muito menos estressante. Então pense nisso. Alguém na sua vida merece esse tipo de reconhecimento? Em caso afirmativo, o que está impedindo você de manifestá-lo?

16
NÃO DEIXE AS PESSOAS ESPERANDO

Uma das maneiras para manter meu estresse sob controle é evitar, sempre que possível, o mau hábito de manter outras pessoas esperando. O tempo é valioso para todo mundo. Já observei que quase todos acham que o tempo é um recurso muito valioso. Assim sendo, um dos maiores insultos e uma das maneiras mais garantidas de irritar alguém é deixá-lo esperando. Embora a maioria das pessoas seja um pouco tolerante, mantê-las esperando é um sinal de desrespeito e falta de reconhecimento. A mensagem sutil é "o meu tempo é mais importante que o seu". Considere a magnitude desta sugestão. Você acha que o tempo de alguém é mais precioso que o seu? Duvido. Então não faz sentido que todo mundo sinta a mesma coisa?

No fundo, todos sabemos que ninguém gosta de ficar esperando. Portanto, é altamente estressante manter outras pessoas aguardando, porque você sabe que está desapontando alguém. Na realidade, você sabe muito bem que a pessoa fica controlando o relógio, perguntando-se onde você está e por que está atrasado. Você pode estar atrasando-a para compromissos pessoais ou profissionais, e é provável que isso a deixe zangada e ressentida.

Existem exceções óbvias à regra — ocasiões em que fatores além do nosso controle impedem a nossa pontualidade. Eventualidades acontecem com todos nós, e ninguém é perfeito. Contudo, a verdade é que na maior parte do tempo é possível prevenir o atraso. Mas em vez de planejar previamente, sair com alguma antecedência ou deixar brechas para problemas inesperados, simplesmente esperamos um pouco demais e não nos permitimos tempo o bastante — acabando, assim, atrasados. Então aumentamos o problema dando desculpas como "o trânsito estava horrível", quando na verdade o trânsito está quase sempre horrível. O problema não foi esse — mas sim o fato de não termos reservado tempo suficiente em nossa agenda para o trânsito. Provavelmente, mesmo que estivesse péssimo, ou fosse qual fosse sua desculpa, a outra pessoa não ficaria interessada ou impressionada. Pode até não ser justo, mas às vezes o seu trabalho e outros traços positivos ficarão prejudicados pelo fato de você estar sempre atrasado.

Eu não subestimaria o impacto negativo de fazer alguém esperar. Isso deixa os outros loucos. E mesmo que não expressem sua frustração diretamente, acabarão manifestando-a de outras maneiras — você não é levado a sério, sempre que possível será evitado, desrespeitado, sua companhia, preterida, se atrasarão para futuros compromissos com você, assim como toda uma série de retaliações.

Mesmo que você possa de alguma maneira amenizar os efeitos de estar atrasado, isso ainda gera, de outras maneiras, uma grande dose de estresse em sua vida. Quando você está atrasado, está correndo. Está sempre apressado, atrás da sua programação. É difícil concentrar-se no momento presente, porque fica preocupado com o compromisso para o qual está atrasado. A sua mente está cheia de pensamentos estressantes como "o que pode acontecer?" ou "fiz de novo". Ou você pode ser duro consigo mesmo, perguntando: "Por que sempre tenho de me atrasar?"

Por outro lado, quando você chega na hora certa, evita todo este estresse. As pessoas com quem trabalha podem não demonstrar, mas apreciarão o fato de você não estar atrasado. Elas não terão nenhum motivo para ficar zangadas com você ou para achar que você não respeita o tempo delas. Não vão falar mal de você pelas costas, e você não ganhará a reputação de estar sempre atrasado. Você vai parar de correr e à medida que não estiver com tanta pressa, vai relaxar um pouco e terá mais tempo para refletir.

Algumas das minhas melhores ideias me vieram à mente no intervalo de meus compromissos, quando eu não estava correndo e tive alguns minutos para ficar em silêncio. Pensei em soluções para problemas, assim como em ideias para um livro ou para uma palestra que teria de fazer. Está claro para mim que se estivesse correndo por aí, atrasado, provavelmente as ideias teriam desaparecido na agitação. Conheci várias pessoas que confessaram que costumavam deixar os outros esperando — e que viram as suas vidas melhorarem depois de colocar em prática esta estratégia muito simples e cordial. Talvez ela também possa ajudá-lo.

17

CRIE UMA PONTE ENTRE A SUA ESPIRITUALIDADE E O SEU TRABALHO

◇◇◇◇◇◇◇◇◇◇◇◇◇◇

Sempre que sugiro que a espiritualidade se torne uma parte mais integrante da vida de uma pessoa, muitas vezes escuto a resposta: "Adoraria que isso acontecesse, mas estou ocupado demais. Tenho de ir trabalhar." Se isso lhe parece familiar, esta estratégia pode ser útil.

Criar uma ponte entre a sua espiritualidade e o seu trabalho significa aproveitar a essência de quem você é e daquilo em que acredita em sua vida profissional diária. Você elimina a dicotomia que tantas vezes existe entre a sua vida espiritual e o que você faz para viver. Vale dizer que se a amabilidade, a paciência, a honestidade e a generosidade são qualidades espirituais em que acredita, você pode se empenhar para praticá-las no trabalho. Trate as pessoas com amabilidade e respeito. Caso alguém se atrase ou cometa um erro, tente ser paciente. Mesmo que seja essa sua função ou, ainda, que precise censurar alguém, faça-o de forma amorosa e respeitosa. Seja o mais generoso possível — com seu tempo, dinheiro, ideias e amor.

De certo modo, o trabalho é um ambiente perfeito para praticar a sua espiritualidade. Em determinados dias você tem muitas oportunidades de praticar a paciência, atos de generosidade e de perdão. Você tem tempo para pensamentos amorosos, para sorrir e abraçar os outros, e para praticar a gratidão. Pode evitar as atitudes defensivas e ser um melhor ouvinte. Você pode tentar ser compassivo, particularmente com pessoas difíceis ou agressivas. Pode praticar sua espiritualidade em praticamente tudo o que faz. Ela pode estar presente na maneira como você cumprimenta as pessoas e lida com conflitos. É possível demonstrá-la no modo como vende um produto ou serviço — ou na maneira como equilibra a ética com o lucro. Ela está literalmente em toda parte.

Grace é uma agente literária (livros e projetos afins). Ela é alguém que, na minha opinião, construiu muito bem essa ponte. Em parte, ela descreve sua filosofia espiritual como sendo de "não violência, integridade e amor por todas as criaturas". Nunca vi uma ocasião em que não agisse de acordo com essa proposta. Ela recusa livros e outros projetos potenciais quando eles entram em conflito com os seus valores, mesmo que signifiquem dinheiro garantido. Eu já a vi recusar uma oferta em que havia uma ética duvidosa envolvida. Ela me disse em mais de uma ocasião: "Nunca me vendo só para ganhar dinheiro. Sou sempre capaz de me olhar no espelho com orgulho e saber que sou uma pessoa que merece confiança." Tenho certeza de que ela se sente bem consigo mesma, e realmente deveria. Tenho orgulho de conhecê-la, já que é o tipo de pessoa que admiro e cuja companhia aprecio.

É realmente reconfortante criar uma ponte espiritual. Isso lembra você de uma finalidade maior; coloca seus problemas e preocupações num contexto mais amplo. Isso ajuda você a crescer com suas experiências difíceis em vez de ficar desesperado ou sobrecarregado com elas. Mesmo que tenha de fazer algo terrivelmente difícil, como despedir alguém, por exemplo, você o faz levando em conta sua própria humanidade. Ou mesmo que você tenha sido despedido ou tenha de lidar com outro "golpe" ou dificuldade terrível, parte de você sabe que existe uma razão.

Ter essa fé o ajuda a atravessar tempos difíceis. Ela faz com que você acredite num quadro mais amplo. Isso não significa que os tempos difíceis fiquem fáceis — só um pouco mais suportáveis.

Uma das coisas mais agradáveis que acontecem com as pessoas à medida que criam uma ponte entre sua espiritualidade e seu trabalho é que as "coisas pequenas" realmente *parecem* coisas pequenas. Invariavelmente, as mesmas coisas que costumavam enlouquecer você, agora não parecem mais tão significativas. Você será capaz de agir tranquilamente, avançar e continuar concentrado. Assim, de uma maneira indireta, tornar-se mais espiritual no trabalho vai ajudá-lo a ser ainda mais bem-sucedido do que já é. Não posso pensar em nada mais importante do que criar uma ponte entre sua espiritualidade e seu trabalho. Você pode?

18
ALEGRE SEU AMBIENTE DE TRABALHO

Gostaria de poder incluir uma foto do meu escritório neste livro. É alegre, convidativo, sossegado e tem aparência amistosa. Na verdade, é norteado pela alegria e é quase impossível ficar deprimido quando se está dentro dele. A maioria das pessoas que o visitam se apaixona por ele; elas alegam que quase sempre se sentem melhores quando vão embora. Contudo, posso garantir que meu escritório não é luxuoso, e certamente não tem uma decoração cara.

Há peixes tropicais nadando num aquário, fotografias da minha esposa e filhos e vários desenhos lindos que eles fizeram para mim. Os desenhos estão em molduras e são trocados e atualizados depois de alguns meses. Aqueles substituídos nunca são jogados fora, mas colocados num álbum de recortes que é orgulhosamente exibido. Todas as semanas trago flores frescas para o escritório e coloco-as na água. São lindas e perfumadas. Minha estante está cheia com meus livros favoritos, e cuido de um bebedouro de pássaros que é muito utilizado. Meus filhos até me fizeram o favor de emprestar alguns dos seus bichinhos de pelúcia, que estão sentados orgulhosamente numa prateleira me fazendo companhia. O meu favorito é um hipopótamo púrpura chamado Happy.

Sei que a maioria das pessoas não tem o luxo ou a permissão para transformar seu escritório num "quartel-general da alegria". Também sei que meu escritório, embora seja apropriado para mim, não seria adequado ou mesmo preferido por muitos outros. Está tudo bem. Contudo, quando entro no ambiente de trabalho de muitas pessoas, o meu pensamento imediato é: "Não é à toa que esta pessoa está tão estressada." Muitos escritórios, gabinetes, postos de serviços, escritórios domésticos e outros ambientes de trabalho são realmente deprimentes. São insípidos, tediosos, sombrios e sem nenhuma criatividade. Muitos são completamente desprovidos de quaisquer sinais de vida, felicidade, gratidão, relacionamentos ou natureza.

Alegrar seu ambiente de trabalho não vai livrá-lo do estresse, nem é a coisa mais importante que você pode fazer para deixar de fazer tempestade em copo d'água no trabalho. Contudo, você passa uma grande quantidade de tempo no seu local de trabalho. Por que não gastar um pouco de tempo, energia e dinheiro para alegrá-lo, mesmo que só um pouco? Quando me mudei para meu escritório, o carpete era fino, feio e escuro. Por algum dinheiro comprei um belo carpete novo que tem uma aparência realmente excelente e que é muito agradável de pisar. Como estou no mesmo escritório há cinco anos, isso acaba custando apenas alguns centavos por dia. Acredito que fui a única pessoa no prédio inteiro a investir em mim mesmo desta maneira. Às vezes é surpreendente como nos valorizamos pouco.

Se você não é capaz de fazer isso sozinho, talvez possa pedir a alguém para ajudá-lo — o cônjuge, um amigo, um colega, até mesmo um filho! Pode ficar surpreso ao perceber como é fácil. Tente alguns quadros, um carpete mais claro, livros inspiradores, flores frescas, peixes dourados, sinais da natureza, ou alguma combinação. Vai ficar impressionado com o efeito que um desenho de um filho pode fazer para alegrar o seu ânimo. Se não tem filhos, talvez alguém com quem você trabalhe possa fazer o favor de emprestar um desenho. Mesmo que você trabalhe no seu carro ou dirija um caminhão, existem pequenas coisas que pode fazer para tornar o seu ambiente mais agradável.

Uma vez ouvi o brilhante humorista Steve Martin fazendo uma piada sobre como é difícil sentir-se deprimido quando se toca banjo. Ele cantava sobre a morte e a tristeza. Enquanto tocava, era óbvio que tinha razão. Há algo naquele som específico que é incompatível com a tristeza e o sofrimento — ele soa alegre demais. Numa certa medida, o mesmo pode ser válido no seu ambiente de trabalho. É realmente agradável entrar e sentir-se bem no lugar onde vai passar o resto do seu dia. Torne-o claro, alegre e amigável e será muito difícil entrar nele e não se sentir da mesma forma.

19
SE DÊ UM TEMPO

Um dos piores hábitos que desenvolvi no início da minha carreira foi a minha incapacidade de fazer intervalos necessários. Tenho um pouco de vergonha de admitir isso, mas achava que era uma perda de tempo. Julgava que, ao eliminar essas pausas, a menos que fosse absolutamente necessário, seria capaz de poupar um bocado de tempo e de fazer mais coisas — eu teria uma vantagem. Trabalhava na hora de almoço e raramente tirava um momento de descanso durante o dia.

Nos últimos anos aprendi que deixar de descansar regularmente é um grande equívoco, que não só o desgasta com o passar do tempo como faz com que você se sinta menos produtivo. Embora possa não perceber isso, lenta porém certamente a frustração vai pegá-lo. Você vai ficar menos paciente e atento, e a sua concentração e capacidade de escuta vão diminuir. Acredito que os efeitos cumulativos, com o tempo, também sejam significativos. Você vai se esgotar muito mais rápido e a sua criatividade e inspiração vão gradativamente desaparecer.

Pode ser sutil, mas quando presto bastante atenção ao que está ocorrendo dentro de mim, posso dizer que as mesmas coisas que não me afetam muito quando estou descansado e faço intervalos, de alguma maneira, começam a me incomodar um pouco quando não estou descansado. Fico menos paciente e perco parte do meu entusiasmo. Começo a fazer tempestade em copo d'água — um pouco mais do que antes. Parece que, embora todos certamente tenham um ritmo e capacidades diferentes de trabalhar sem pausas, há alguma coisa que alimenta e cura o espírito quando você tira alguns minutos para si, quer ache que precise ou não.

Esses intervalos não precisam ser problemáticos ou durar muito tempo. Geralmente, tudo de que você precisa são alguns minutos para arejar a cabeça, respirar fundo, espreguiçar-se ou tomar um pouco de ar. Quando você faz intervalos — a cada uma hora, ou algo assim —, você volta ao trabalho mais entusiasmado, mais concentrado e pronto para continuar. É quase como se apertasse um "botão de reinício" e começasse de novo. Muitas vezes, depois de fazer uma pequena pausa, a minha sabedoria e criatividade são aprimoradas e sou capaz de produzir alguns dos meus melhores resultados.

Como a maioria das pessoas, ocasionalmente esqueço de tirar esses momentos para mim. Fico sentado durante horas na mesma posição, escrevendo um capítulo ou trabalhando num projeto. Ao final, quando me levanto, sinto-me enrijecido e cansado. Então percebo: "Esqueci de fazer uma pausa." Ocorrem algumas exceções, mas quando revejo o trabalho, sou capaz de dizer que não foi o meu melhor esforço.

Esta estratégia reforça a ideia de que mais nem sempre é melhor. Acho que trabalhando menos alguns minutos por hora, trabalho de maneira mais inteligente e eficiente e realmente consigo produzir mais. E devido a toda a energia que consigo poupar diariamente, posso até acrescentar alguns anos à minha carreira.

Suponho que esteja na hora de praticar o que estou pregando. Vou fechar este capítulo dizendo a você que vou fazer uma pequena pausa. Talvez também seja um bom momento para que você faça o mesmo.

20
NÃO LEVE A REGRA DOS 80/20 TÃO A SÉRIO

De acordo com a "regra" dos 80/20, supostamente, no local de trabalho, 20% das pessoas fazem aproximadamente 80% do trabalho. Quando resolvo ser cínico, me parece que esta proporção é muito otimista!

Muitas vezes, pessoas que são altamente produtivas ou que possuem uma rigorosa ética de trabalho não compreendem por que as outras pessoas não são como elas. Pode ser muito frustrante para essas pessoas observar, trabalhar e, em alguns casos, até estar na presença de pessoas que elas percebem ser menos produtivas do que deveriam — que parecem realizar menos do que deveriam. Por algum motivo, elas levam isso para o lado pessoal e permitem que isso as incomode.

Já observei que muitos "supertrabalhadores" não se veem desse modo — mas sim como pessoas normais que simplesmente fazem o que é necessário para ter sucesso ou realizar o trabalho. Conheci um homem assim que insistia em dizer: "Não trabalho demais. Só que muita gente está trabalhando de menos." Eu o conhecia bem para saber que ele não estava sendo intencionalmente arrogante. Em vez disso, compartilhava comigo a maneira como realmente via o mundo. Ele honestamente achava que a maioria das pessoas não trabalhava duro o bastante e que quase ninguém vive completamente de acordo com o seu potencial. Se você realmente acreditasse que isso era verdade, pode imaginar como ficaria frustrado e irritado a maior parte do tempo. Você estaria programado para ver tudo o que não está sendo feito, ou que poderia ou deveria ser feito de maneira diferente. Você veria o mundo em termos das suas deficiências.

Você pode não ter uma visão tão extrema (eu certamente não tenho), mas também pode ver o mundo sob uma ótica altamente produtiva e eficiente. Nesse caso, pode ser difícil aceitar (ou compreender) que outras pessoas tenham diferentes prioridades, éticas de trabalho, níveis de conforto, dons, habilidades e maneiras de pensar. As pessoas veem as coisas a partir de perspectivas completamente diferentes, e trabalham em ritmos muito diferentes. Lembre-se, pessoas diferentes também definem a produtividade de maneiras muito diferentes.

Uma maneira fácil de fazer as pazes com esta questão da produtividade é prestar menos atenção ao que as pessoas *não* estão fazendo, e colocar mais ênfase no que você recebe do seu nível de produtividade — financeira, energética, emocional, e até mesmo espiritualmente. Em outras palavras, é útil admitir que você prefere ser um indivíduo altamente produtivo — é a sua escolha. E esta escolha vem acompanhada de certos benefícios. Você pode sentir-se melhor sendo mais produtivo, ou achar que está realizando sua missão ou vivendo o seu potencial. Talvez você ganhe mais dinheiro, ou goste do seu trabalho mais do que gostaria se você fosse menos produtivo. É provável que tenha um futuro mais seguro financeiramente, ou uma maior probabilidade de abrir certas portas para si mesmo. Ou, ainda, que possa aliviar sua ansiedade realizando uma determinada quantidade de trabalho por dia. Em outras palavras, você tem uma série de compensações que o estão impulsionando. Portanto, não é uma vítima das pessoas que fazem escolhas diferentes, ou que, por qualquer outro motivo, não são tão produtivas quanto você, pelo menos de acordo com os seus padrões.

Para colocar esta questão de forma bem objetiva, é útil pensar sobre a sua própria ética profissional, ritmo de trabalho preferido, e habilidade geral de fazer as coisas. Pergunte a si mesmo o seguinte: "Baseio minhas escolhas de produtividade no que os outros pensam que eu deveria estar fazendo?" "Estou tentando frustrar e irritar os outros com o ritmo do meu trabalho?" Naturalmente não. Suas escolhas são o resultado do seu próprio ritmo de trabalho e resultados desejados. Embora você possa necessitar de um determinado desempenho, seu nível de produtividade geral deriva das suas próprias decisões e do retorno percebido.

O mesmo vale para todos. Não é pessoal — não diz respeito a você ou a mim. Cada pessoa decide consigo mesma o quanto de trabalho é adequado, afinal de contas. Todos devem pesar os prós e os contras, considerar as trocas, e decidir o quanto terão de trabalhar — e quão produtivos serão.

Você pode confiar que certas pessoas — colegas, prestadores de serviços, funcionários — seguirão determinados padrões e níveis de produtividade. Eu certamente confio. Não estou sugerindo que você facilite ou diminua seus padrões. Em vez disso, sugiro que olhe para os diferentes níveis de produtividade de uma maneira saudável e produtiva, o que pode ajudá-lo a não ficar tão irritado nem levar as coisas para o lado pessoal. Descobri que quando consigo manter minha objetividade e controlar meu nível de estresse, é fácil suscitar o melhor das pessoas sem fazer com que elas se sintam na defensiva ou ressentidas.

Encorajo você a rever as próprias exigências e expectativas de que os outros trabalhem do mesmo modo que você. Uma vez aceito o fato de que isso não é pessoal, provavelmente você será capaz de sentir-se leve o bastante para apreciar as diferenças nas pessoas e a maneira como elas escolhem trabalhar. Se o fizer, ficará mais sossegado e relaxado.

21

FAÇA UMA LISTA DAS SUAS PRIORIDADES PESSOAIS

Vou avisá-lo logo de início que esta estratégia pode parecer bem banal, mas, em última análise, é muito útil. Ela implica avaliar cuidadosamente as coisas que considera as mais importantes para você. Uma vez que você as tenha identificado, escreva-as numa folha de papel e deixe a lista de lado por uma semana ou duas.

Por exemplo, você pode elaborar uma lista mais ou menos assim: 1. leitura de lazer, 2. exercícios, 3. trabalho voluntário, 4. passar tempo com minha família ou amigos íntimos, 5. meditação, 6. passar algum tempo em contato com a natureza, 7. organizar-me, 8. escrever no meu diário, 9. tentar alguma coisa nova, 10. alimentação saudável, 11. viajar.

Aqui está a parte complicada: depois de algum tempo, pegue sua lista e a releia. Agora, pense honestamente na semana passada ou volte até o momento em que escreveu a lista. Como você passou o tempo em que não estava trabalhando? Se as suas ações durante as últimas semanas foram compatíveis com a lista, parabéns! Você faz parte de uma reduzida minoria, e minha única sugestão é encorajá-lo a continuar assim. Acredito que esteja razoavelmente satisfeito com a sua vida e que a satisfação esteja refletindo-se na sua vida familiar.

Contudo, se você olhar para a lista e perceber (como eu percebi na primeira vez que fiz este exercício) que uma grande percentagem do seu tempo foi gasta em outras coisas, você tem trabalho pela frente. Se for como a maioria das pessoas, provavelmente faz pouco ou nenhum exercício, não faz trabalho voluntário algum, e passa a maior parte do tempo dentro de casa. Em diferentes graus, ignoramos aquilo que insistimos ser mais importante para nós em prol de coisas que parecem urgentes ou que são, simplesmente, mais convenientes. Infelizmente, a vida não vai, subitamente, exigir menos de nós ou nos brindar com o tempo que desejamos ter para fazer essas coisas importantes. Se não adequarmos nosso comportamento às nossas prioridades, isso nunca vai acontecer.

Um amigo me ensinou uma lição valiosa da qual sempre tento me recordar. "Na verdade, você se firma pelas suas ações, não pelas suas palavras." Isto significa que, embora eu possa dizer que meus amigos e família são importantes para mim, consiga escrever listas bem-intencionadas e possa até mesmo ficar na defensiva com minhas desculpas bem boladas, em última análise, a medida do que é mais importante para mim revela-se pela forma como gasto meu tempo e energia.

Sendo bem direto, se gasto meu tempo livre limpando meu carro, bebendo em bares e assistindo à TV, presume-se, portanto, que meu carro, o álcool e a TV sejam as coisas mais importantes para mim.

Não há nada de errado com essas atividades — só é importante admitir para si mesmo que é assim que você passa o seu tempo. Isso não significa que não existam ocasiões em que assistir à TV, ou mesmo limpar o carro, seja a coisa mais importante para você. Mais uma vez, está tudo bem. Estou me referindo aos seus padrões de comportamento, à maneira como você passa a maior parte do seu tempo.

Fica claro por que este exercício pode ser tão importante para a qualidade da sua vida. Quando você está ocupado e trabalhando duro, cansado e sobrecarregado, é fácil adiar ou deixar de lado suas verdadeiras prioridades. Você pode se perder tanto na sua rotina de trabalho que acaba fazendo poucas ou nenhuma das coisas que, no fundo, sabe que engrandecem você. Você diz a si mesmo algo como "este é um período particularmente agitado", ou "faço isso depois", mas nunca faz. Esta falta de satisfação é traduzida como frustração no trabalho e em outras áreas.

Contudo, uma vez que você tenha percebido este padrão, é bastante fácil mudar. Você pode começar com pequenos ajustes. Pode ler alguns minutos antes de dormir, se levantar um pouco mais cedo para fazer exercícios, meditar ou ler. E assim por diante. Lembre-se, foi você que escreveu a lista de prioridades. Você certamente tem o poder de colocá-la em prática. Sugiro que escreva sua lista hoje — isso pode realmente gerar um novo começo.

22

SABER OUVIR — UM INSTRUMENTO DE REDUÇÃO DO ESTRESSE

Já escrevi sobre vários aspectos referentes ao ato de saber ouvir, na maioria dos meus livros anteriores. O motivo por que volto tantas vezes a ele é que, na minha opinião, é um dos ingredientes mais importantes do sucesso, virtualmente, em todos os aspectos da vida — pessoais e profissionais. Infelizmente para a maioria de nós é também uma das grandes fraquezas. Contudo, um pequeno aprimoramento na nossa capacidade de ouvir pode render enormes dividendos sob a forma de melhores relacionamentos, um melhor desempenho e até mesmo como redução de estresse!

Pare um momento para refletir sobre a sua capacidade de ouvir no trabalho. Você realmente ouve seus colegas? Deixa que eles terminem seus pensamentos antes da sua vez de falar? Você às vezes conclui as frases de outras pessoas? Nas reuniões, é paciente e sensível — ou impaciente e nervoso? Você permite que as palavras dos outros calem fundo, ou acredita que sabe o que a pessoa está tentando dizer e, portanto, se adianta? O simples fato de fazer essas perguntas a si mesmo pode ser muito útil. A maioria das pessoas a quem perguntei (também estou nesta categoria) admite que, pelo menos durante parte do tempo, sua capacidade de ouvir poderia ser aprimorada.

Há uma grande variedade de motivos que nos levam a considerar o ato de saber ouvir uma excelente técnica redutora de estresse. Em primeiro lugar, as pessoas que sabem ouvir são altamente respeitadas e procuradas. Os ouvintes verdadeiramente excelentes são tão raros que o fato de ficar perto de um deles é muito agradável e faz com que as pessoas sintam-se especiais. Uma vez que os ouvintes eficientes são amados pelas pessoas com quem trabalham (e por aquelas com quem vivem), eles evitam muitos dos principais aspectos estressantes do trabalho — punhaladas pelas costas, ressentimento, sabotagem e má vontade. Bons ouvintes também são boa companhia, de modo que, de uma maneira bastante natural, as pessoas querem se oferecer para ajudá-los. É provável, portanto, que ao se tornar um ouvinte melhor, muitas pessoas ao seu redor lhe ofereçam ajuda. As pessoas tendem a ser leais aos bons ouvintes porque sentem que são reconhecidas e respeitadas.

Saber ouvir ajuda você a compreender logo de cara o que as pessoas estão dizendo, permitindo, assim, que você evite muitos enganos e mal-entendidos que, como você sabe, podem ser muito estressantes. Se você perguntar às pessoas o que costuma deixá--las zangadas, a resposta "não prestarem atenção no que estou dizendo" certamente encabeçará a lista de muitas delas. Assim, dar mais atenção ao que os outros dizem também ajuda você a evitar muitos, se não a maioria, dos conflitos interpessoais. Finalmente, saber ouvir poupa muito tempo, porque ajuda você a eliminar erros descuidados. As instruções e preocupações alheias tornam-se claras como cristal, ajudando a evitar erros e atrasos desnecessários.

Esta é uma das poderosas estratégias capazes de gerar resultados imediatos e significativos. Você pode ter de trabalhar nela um pouco, mas, se o fizer, há de valer a pena. As pessoas com quem trabalha podem não conseguir identificar exatamente o que mudou em seu procedimento, mas sem dúvida notarão uma diferença no próprio comportamento quando estiverem perto de você ou falando com você. E, além de ser mais apreciado e admirado, você também perceberá que ficou mais calmo e mais tranquilo.

23
SEJA AMIGÁVEL COM SUA RECEPCIONISTA

Não faz muito tempo, eu estava em uma sala de recepção em San Francisco, esperando uma pessoa para o almoço. Tive a sorte de testemunhar uma série de eventos tão pertinentes ao assunto deste livro que imediatamente tive vontade de compartilhá-los.

Um homem entrou e vociferou, num tom pouco amigável e exigente: "Algum recado?" A recepcionista olhou para ele e sorriu: "Não, senhor." Ele respondeu de uma maneira desagradável, quase ameaçadora. "Não deixe de me avisar quando meu compromisso de meio-dia e meia me ligar. Entendeu?" E saiu bufando.

Um minuto depois uma mulher entrou na sala, aparentemente também querendo saber se havia algum recado para ela. Ela sorriu, disse "olá", e desejou um bom dia à recepcionista, que retribuiu o sorriso e agradeceu à mulher. Em seguida, a recepcionista passou uma série de recados à mulher e deu alguma outra informação adicional que não pude ouvir. Elas riram um pouco antes de a mulher agradecer à recepcionista e ir embora.

Fico sempre chocado quando vejo alguém que não é amigável com a recepcionista ou que não lhe reconhece o valor. Parece-me uma decisão de negócios obviamente impensada. Com o passar dos anos, perguntei a muitas recepcionistas se tratavam todas as pessoas do escritório da mesma maneira. A maioria das vezes a resposta que recebi foi: "Você está brincando, certo?" De fato, parece que as recepcionistas têm um bocado de poder — e ser amigo delas pode tornar a sua vida muito mais fácil. Ser simpático com sua recepcionista praticamente lhe garante um olá amigável e a possibilidade de ter alguém com quem trocar sorrisos algumas vezes por dia. Além disso, sua recepcionista poderá fazer várias coisas inestimáveis para você — proteger sua privacidade e filtrar ligações, lembrá-lo de eventos importantes, alertá-lo para problemas potenciais, ajudá-lo a priorizar e estabelecer um ritmo, e assim por diante.

Já vi os dois lados da moeda. Vi recepcionistas protegerem as pessoas com quem trabalham de vários incômodos desnecessários, até mesmo livrá-las de grandes erros. Uma vez vi uma recepcionista correr pelo hall e descer a rua toda para lembrar alguém de uma reunião da qual a pessoa certamente esqueceria. Mais tarde pedi à pessoa que foi lembrada para me contar o que acontecera. Ela confirmou que a recepcionista fora sua "heroína". Chegou a dizer que ela pode ter salvo seu emprego. Quando perguntei à recepcionista sobre a ligação que havia entre elas, ela me informou que não eram realmente amigos, mas que ele era uma pessoa extremamente agradável. Perguntei a ela se isso tinha algo a ver com sua disposição de correr pela rua sob um sol de rachar para lembrá-lo de uma reunião. Ela simplesmente sorriu e disse: "Você vai direto ao assunto, não é?"

Infelizmente, o oposto pode ocorrer quando uma recepcionista sente que é ignorada ou guarda ressentimentos de alguém. Já ouvi falar de histórias de recepcionistas que misteriosamente "perderam" recados, ou que deixaram de avisar alguém sobre determinada reunião, porque era inconveniente fazê-lo.

Obviamente, existem muitas recepcionistas excelentes que são capazes de deixar de lado os sentimentos pessoais e fazer o melhor possível, na maior parte do tempo, quando não sempre. Mas pense nisso do ponto de vista da recepcionista. Ela (ou ele) pode atender ao telefone, pegar os recados para um número relativamente grande de pessoas, e ter uma quantidade de outras importantes responsabilidades. Algumas das pessoas com quem ela trabalha são realmente agradáveis, a maioria é só moderadamente simpática, e alguns poucos são verdadeiros bobalhões. Não é óbvio que ser cordial com sua recepcionista é do seu interesse? Além do fato de ser seu trabalho, que outra possível motivação uma recepcionista teria para se esforçar mais, ou fazer algo pelo que não está sendo paga oficialmente, se você não for simpático com ela — ou pelo menos respeitoso?

De modo algum estou sugerindo que você seja amigável com sua recepcionista somente para receber alguma coisa em troca. Em primeiro lugar, você quer fazer algo simplesmente porque é uma coisa agradável de se fazer e porque vai alegrar o dia de trabalho dos dois. Afinal de contas, a recepcionista é alguém que você vê diariamente. Mas, além disso, é simplesmente um bom negócio e custa pouco tempo, ou esforço. Minha sugestão é considerar a recepcionista uma parceira-chave na sua vida profissional. Trate-a como se realmente a valorizasse — e você deveria. Seja gentil, autêntico, paciente e cordial. Agradeça quando ela fizer algo por você — mesmo que isso faça parte do trabalho dela. Pode imaginar o estresse e outras possíveis consequências de perder um único telefonema importante — ou um único recado? É a sua recepcionista que impede que isso aconteça. Não parece uma boa ideia incluí-la em sua lista de Natal? Por acaso, o mesmo princípio também pode ser aplicado a muitos outros papéis, de maneiras diferentes — o porteiro ou o zelador, a diarista, gerentes, cozinheiros e assim por diante.

Acho que você vai descobrir que ser amistoso com sua recepcionista é uma atitude inteligente. É uma ótima maneira de alegrar seu dia a dia, assim como uma forma eficaz de tornar sua vida um pouco menos estressante. Se você ainda não o fez, aconselho que experimente.

24

LEMBRE-SE DO DITADO:
"PEGAM-SE MAIS MOSCAS COM MEL"

◇◇◇◇◇◇◇◇◇◇◇◇◇

Quando vejo alguém perseguindo outra pessoa, agindo de forma agressiva, ou intimidando alguém, tratando os outros rudemente, ou sendo mesquinho e manipulador, sinto vontade de lembrar-lhe que, a longo prazo, você realmente pega mais moscas com mel. Em poucas palavras, ser simpático compensa! É claro que existem ocasiões em que ser rude ou agressivo ajuda a conseguir o que se quer — você pode assustar ou intimidar algumas pessoas durante algum tempo. Mas acredito que este tipo de atitude e comportamento agressivos sempre voltam para nos assombrar.

Quando você é generoso, amoroso e paciente — quando é divertido, um bom ouvinte e genuinamente se importa com os outros —, a sua atitude transparece em tudo o que você faz. Como resultado, as pessoas adoram estar perto de você, e sentem-se confortáveis e confiantes na sua presença. Elas passam a jogar no seu time, compartilham seus segredos de sucesso, e querem ajudá-lo no que puderem. Simplesmente, elas sentem prazer com o seu sucesso. Quando você é gentil, as pessoas são atraídas até você como "moscas para o mel". Perdoam facilmente quando você comete um engano, e não questionam o que o induziu ao erro. Quando falam de você pelas costas, os comentários são sempre positivos e alegres. Você gozará de uma reputação maravilhosa.

Infelizmente, o oposto também é verdadeiro. Quando você é difícil ou exigente, suas qualidades positivas muitas vezes são ignoradas, desconsideradas, ou esquecidas. Além disso, com atitudes belicosas e agressivas você acaba gerando uma grande dose de estresse para si. Viverá constantemente sobressaltado, se perguntando quem está do seu lado, se é que haverá alguém. Quando você é agressivo, afasta os outros. Mas quando é generoso e gentil, as pessoas são atraídas pela sua energia e sinceridade.

Reconheço que a "linha final" é importante e que precisa ser levada em consideração. Dito isso, muitas vezes tomo decisões de negócios baseado não só no custo, na qualidade, ou em quanto receberei, mas também em quão agradável é trabalhar com alguém. Sempre achei que se seguir meu coração e me cercar de pessoas ótimas, minha experiência será positiva. Vou manter uma reputação saudável entre pessoas que gostarão de mim, e minhas decisões de negócios e relacionamentos se desenvolverão e resultarão em empreendimentos bem-sucedidos. Até agora minhas suposições têm sido extremamente corretas.

Conheci várias pessoas que disseram algo como: "Nunca vou contratar aquela pessoa novamente." Quando pergunto: "Você não ficou satisfeito com o trabalho dele?", geralmente respondem: "De modo algum; não é esse o problema. É que é extremamente difícil trabalhar com ele."

Chelsea é uma mulher trabalhadora, motivada e talentosa que trabalha no comércio. Ela é também muito generosa e gentil. Um dos aspectos mais difíceis do trabalho no comércio é, provavelmente, o expediente longo, particularmente durante os fins de semana e feriados. Muitas vezes, os funcionários disputam entre si as folgas e não abrem mão dos sagrados feriados.

Quando Chelsea começou sua carreira, concluiu que, apesar do que muitos consideram a respeito de ser explorados, a gentileza e a generosidade costumavam ser as maneiras mais corretas de se comportar. Nos seus esforços para ser generosa, ela muitas vezes se dispôs a cobrir o turno de alguém para que essa pessoa pudesse passar o tempo com a família num feriado importante.

Certo dia, Chelsea teve uma oportunidade extraordinária, daquelas que acontecem uma vez na vida — de viajar pela Europa durante dois excitantes meses. Contudo, na sua posição não era possível realizar uma viagem longa sem perder o emprego, a não ser que ela pudesse, de algum modo, compensar seu tempo fora. Ela trabalhara duro para alcançar sua posição e não queria "começar de novo".

Para sua alegria, a sua reputação permitiu que ela fizesse a viagem *e* mantivesse seu emprego. Seus colegas aproveitaram a oportunidade para socorrê-la. Com lágrimas nos olhos, ela descreveu o acontecido como "o ato mais incrível e generoso, demonstrado por um grupo de pessoas, que já vira no trabalho".

Acho importante considerar esta estratégia, mesmo que você ache que é uma pessoa relativamente gentil. A maioria de nós — certamente incluo a mim mesmo — tem muito o que aprender. Podemos estar indo bem, mas, sem perceber, eventualmente ainda pressionamos os outros, agimos de maneira um pouco arrogante, tentamos usar a culpa para obrigá-los a fazer certas coisas, ou outras ferramentas de manipulação para conseguirmos o que queremos. Quando refletimos sobre a importância prática e cotidiana de ser gentil e paciente, vemos que é possível desenvolver essas características ainda mais. Gostaria, sinceramente, de acreditar que a maioria das pessoas já sabe que se pega mais moscas com mel. Ainda assim, é um bom lembrete para todos nós.

25

EVITE A FRASE
"TENHO DE IR TRABALHAR"

◇◇◇◇◇◇◇◇◇◇◇◇◇

Vou sugerir uma estratégia que está relacionada com quatro das palavras mais comuns da língua: "Tenho de ir trabalhar."

Antes de continuar, é importante afirmar que estou consciente de que, seja como for, é absolutamente verdadeiro que você "precisa" trabalhar. Apesar disso, estas palavras específicas carregam consigo uma carga negativa que, acredito, é autodestrutiva.

Além dos seus pensamentos, são suas palavras o principal cartão de visitas da sua experiência. Elas pintam um retrato da sua expectativa e pavimentam o caminho para a sua experiência. Quando você "tem de" fazer alguma coisa, está implícito que não é uma escolha — que você preferiria estar em outro lugar, fazendo algo diferente. Isto, por sua vez, implica que o seu coração não está inteiramente no que você está fazendo, o que faz com que "viver de acordo com o seu potencial" torne-se extremamente difícil, e apreciar a sua experiência quase impossível. Assim, quando você diz "preciso ir trabalhar", está preparando, de uma maneira sutil, um péssimo dia. Isto não significa que terá sempre um péssimo dia — mas certamente aumentarão as possibilidades.

Além disso, há uma mensagem negativa mais sutil que você envia para si mesmo e para os outros. Parece que, lá no fundo, o que você realmente diz é "eu não gosto do meu trabalho. Não sou capaz de escolher o trabalho de que gosto". Que mensagem horrível para dizer a si mesmo (ou a qualquer pessoa) sobre algo que você passa a maior parte do tempo fazendo! Pense nisso. Se você realmente adorasse seu trabalho, por que diria "tenho de ir trabalhar"? Você diz "tenho que começar meu fim de semana agora"? Não faz mais sentido dizer "estou indo trabalhar", ou "vou ganhar meu sustento", ou "lá vou eu para outro dia", ou algo ainda mais simples como "vou trabalhar", sem a carga negativa? Não estou sugerindo que pule de alegria ou grite "iupííí, vou trabalhar!", mas talvez não seja melhor algo um pouco mais otimista para iniciar o dia? Você não se sentiria um pouco mais orgulhoso de si mesmo? Não acha que seria mais agradável para os outros ouvir palavras mais positivas? Quando saio para o trabalho de manhã, por exemplo, não quero transmitir aos meus filhos uma mensagem, mesmo que sutil, de que "o trabalho é um saco e lá vou eu de novo". Eca!

Acho que você ficará surpreso com o que vai acontecer se optar por esta estratégia. Quando realmente assume essa postura, ao murmurar habitualmente "tenho de ir trabalhar", do seu jeito tipicamente rabugento, você começa a perceber o que está fazendo. Isto faz com que você sorria ou ria de si mesmo, porque vê como é ridículo. Então, à medida que refaz sua declaração de uma maneira um pouco mais positiva, parece estar sutilmente advertindo o cérebro de que você espera ter um bom dia. Você não concorda que, na maioria das vezes, suas expectativas tendem a se realizar? Quando espera ter uma experiência ruim, é geralmente isso que acontece. E quando espera ter uma experiência agradável, raramente desaponta a si mesmo.

No mínimo, espero que você se pergunte: "Que possível valor essas palavras poderiam ter para o resultado geral do meu dia de trabalho?" Tenha em mente que a maioria das pessoas gasta um mínimo de oito horas por dia, cinco dias por semana, trabalhando. É algo que você fará independentemente da forma que escolher para verbalizar para si e para os outros. Por que não ter um bom começo evitando a tendência de falar mal do que vai fazer?

26

CONSCIENTIZE-SE DOS EFEITOS POTENCIALMENTE ESTRESSANTES DAS SUAS PROMESSAS

◇◇◇◇◇◇◇◇◇◇◇◇

Foi apenas alguns anos atrás que comecei a perceber com que frequência fiz promessas sutis a pessoas durante um determinado dia — e com que frequência me arrependi de tê-las feito. Foi surpreendente descobrir que minha necessidade de fazer promessas exercia um papel-chave nos meus sentimentos de estresse. Quando percebi como isso contribuía para que eu me sentisse sobrecarregado, foi relativamente fácil fazer alguns pequenos ajustes em meu comportamento e reduzir o estresse geral na minha vida profissional.

Pensemos em algumas das promessas que fizemos aos outros e que podem até nem parecer promessas — ou que fazemos de maneira semi-inconsciente. Afirmações como "vou ligar para você mais tarde hoje", ou "vou dar um pulo no seu escritório", "vou enviar uma cópia do meu livro para você na semana que vem", ou "ligue-me se precisar que eu cubra o seu turno". Até mesmo comentários inocentes tais como "não tem problema", podem causar-lhe transtornos, uma vez que podem parecer uma oferta para fazer algo que, no fundo, você não quer realmente fazer ou sequer é capaz de fazer. Na verdade, você acabou de permitir que aquela pessoa lhe pedisse para fazer ainda mais por ela, uma vez que você afirmou que não havia problema algum.

Eu estava habituado a fazer isso praticamente todos os dias. Alguém me perguntava alguma coisa simples como "pode me enviar uma cópia daquele artigo de que estava falando?" e eu automaticamente respondia "claro, não tem problema". Chegava, inclusive, a escrever um lembrete para não esquecer. Contudo, até o fim do dia ou da semana, tinha uma página inteira de promessas que agora precisavam ser cumpridas. Muitas vezes me arrependia de fazer tantas promessas. Às vezes até me ressentia disso. Ocupava-me tanto tentando cumprir minhas promessas que muitas vezes ficava sem tempo ou era obrigado a correr para fazer o que realmente precisava fazer.

Se você é como eu, provavelmente vai tentar ao máximo manter suas promessas. Obviamente, quanto mais promessas fizer, mais pressão vai sentir para cumpri-las. Em algum ponto, se fizer muitas delas, é quase inevitável que se sinta estressado nas suas tentativas de manter todo mundo feliz.

Vamos ser bastante claros sobre uma coisa. Não estou insinuando que você pare de fazer promessas, ou que muitas delas não sejam necessárias ou importantes; muitas são. O que estou sugerindo é que uma pequena parcela das suas promessas provavelmente não precisa ser feita com tanta prioridade. E se assim for, você terá menos pressão para cumpri-las! Sei, por exemplo, que muitas vezes disse ao meu editor "prometo que entrego isso na semana que vem", quando na verdade ele não estava esperando uma promessa — só o meu melhor esforço. Mas agora que a promessa já havia sido feita, eu era quase obrigado a fazer o necessário para cumprir minha palavra. Se eu não tivesse feito a promessa, mas simplesmente o melhor possível, haveria menos pressão sobre mim. Isso é uma questão bastante sutil, mas o fato é que uma só coisa provavelmente não vai gerar tanto estresse, como fatalmente o acúmulo irá fazê-lo.

Aprendi a avaliar cada pedido que me fazem e cada oferta que proponho aos outros. Por exemplo, se me pedem aquela cópia de um artigo que mencionei antes, posso me oferecer para mandá--la — ou posso sugerir uma maneira alternativa para a própria pessoa consegui-la. Às vezes é apropriado fazer uma promessa, e às vezes não.

Também aprendi a fazer um número ligeiramente menor de ofertas não solicitadas para os outros. Em outras palavras, em vez de dizer "ei, vou te mandar uma cópia do livro sobre o qual discutimos", como é a minha tendência, resisto em fazer a oferta em voz alta. Desse modo, ainda posso (e muitas vezes o faço) mandar o livro mais tarde, se estiver disposto e tiver tempo de fazê-lo, mas sem qualquer obrigação.

Existem duas grandes vantagens em prestar atenção no efeito de suas promessas. Em primeiro lugar, você poupa um bocado de tempo e energia. Algumas das promessas que você faz são desnecessárias e não apreciadas. Outras, você simplesmente não tem tempo de cumprir. Um dos recursos mais preciosos que temos é o nosso tempo. Na verdade, a falta dele é uma das reclamações mais consistentes que ouço as pessoas fazerem no trabalho. Todo mundo parece concordar que raramente há tempo suficiente para fazer tudo. Quando fazemos menos promessas, conseguimos mais tempo para o que é mais relevante para nós.

A outra vantagem de prometer menos é que aquelas poucas promessas que fizermos se tornarão mais significativas para nós e também para aqueles a quem prometemos algo. Você vai tomar um cuidado especial para cumprir o que é mais importante para você e para aqueles que ama. Se está sobrecarregado de promessas, será fácil perder de vista o que é crucial. Geralmente acaba quebrando promessas com aqueles que mais ama.

Contudo, com menos coisas na bandeja, conseguirá enxergar a situação de forma objetiva e perceber quais são suas prioridades. Não *prometo* que esta estratégia vá ajudá-lo — mas suspeito que isso ocorra.

27

EXAMINE SEUS RITUAIS E HÁBITOS (E ESTEJA DISPOSTO A MUDAR ALGUNS DELES)

◇◇◇◇◇◇◇◇◇◇◇◇◇

Quando você trabalha para viver é muito fácil adquirir certos hábitos — alguns bons, outros nem tanto; alguns por necessidade, outros por falta de algo melhor; alguns porque todo mundo parece estar fazendo a mesma coisa; e alguns simplesmente porque você "sempre fez as coisas assim". Muitos destes hábitos tornam--se parte de nós de tal forma que parecemos nunca questioná-los, quanto mais alterá-los. Muitas vezes adquirimos um hábito e continuamos com ele por toda a nossa carreira.

Olhar de perto alguns desses hábitos e rituais e estar disposto a alterar alguns deles pode gerar um excelente resultado na qualidade da sua vida. Nossos hábitos muitas vezes são enormes fontes de estresse. Considerando a quantidade de estresse que eles geram (com ou sem nosso conhecimento), esses hábitos podem fazer com que o restante da nossa vida pareça ainda mais estressante do que já é.

Aqui estão alguns hábitos e rituais comuns, entre centenas de possibilidades. Alguns deles podem lhe parecer familiares, outros nem tanto: você pode ter o hábito de não permitir a si mesmo tempo o bastante antes de trabalhar, e estar sempre com pressa; pode ter o hábito de fazer um almoço farto, mas reclamar de não ter tempo para fazer exercícios ou de sempre estar cansado à tarde. Talvez você faça viagens de negócios com o seu carro — mas tenha outras opções como trem ou avião, que seriam mais baratas e permitiriam que você lesse ou relaxasse. Talvez você consuma muita cafeína e sinta-se nervoso e agitado grande parte do tempo. Talvez vá direto para o bar depois do trabalho para tomar uns drinques, ou faça do vinho ou de outra bebida alcoólica parte do seu ritual doméstico. Talvez fique um pouco rabugento ou mal-humorado pela manhã, em vez de ser amigável com as pessoas com quem trabalha, o que faz com que elas hesitem em ajudá-lo ou criem ressentimentos desnecessários. Talvez você passe tempo demais lendo jornais, mas raramente se permita tempo de ler seu livro favorito. Talvez você vá para a cama muito tarde — ou muito cedo. Ou talvez aquele lanche noturno, que supostamente seria uma forma de relaxamento, esteja interferindo na qualidade do seu sono. Só você sabe qual hábito, se é que há algum, está tornando a sua vida mais difícil.

Você pode ver que qualquer um destes hábitos tem o potencial de gerar uma grande dose de estresse em sua vida tornando seu dia mais difícil e encorajando-o a fazer tempestade em copo d'água no trabalho. Sendo assim, a disposição para examinar seus hábitos quase sempre pode significar um exercício útil.

Vamos explorar, muito brevemente, como a alteração de alguns dos exemplos anteriores pode ajudá-lo a reduzir o estresse em sua vida. Apesar da simplicidade aparente, são mudanças poderosas que podem ser feitas. Em vez de dizer para si mesmo "nunca poderia fazer isso", abra sua mente e imagine que está realizando a mudança!

Muitas vezes a diferença entre um dia estressante e um dia satisfatório ou suportável é simplesmente uma questão de você estar ou não com pressa constante, principalmente logo de manhã. Acordar uma hora mais cedo, ou simplesmente começar a se arrumar um pouco mais cedo pode fazer muita diferença.

Conheço muitas pessoas que substituíram a hora reservada para o almoço por uma caminhada. Suas vidas se transformaram devido a esta simples decisão; perderam peso e ficaram mais saudáveis. Passaram a se sentir melhor e a ter muito mais energia. Estão poupando dinheiro no almoço e investindo esse dinheiro no seu futuro. Muitas vezes saíam com amigos para caminhar, fazendo disso uma hora social. Sentiram-se mais relaxadas e mais calmas do que em qualquer outro momento de suas vidas.

Muitas pessoas que bebem regularmente sentem-se lentas e mal-humoradas no dia seguinte. Parar de beber, ou mesmo diminuir a bebida, pode oferecer-lhes uma sensação de bem-estar que nunca julgaram possível. Você pode dormir melhor e gastar menos dinheiro, já que o álcool é certamente um hábito caro. A maioria das pessoas que diminui o consumo de álcool fica mais paciente e seus relacionamentos melhoram.

Se você só anda de carro, pode ter outras opções. Conheço pessoas que decidiram usar o trem (ou outros tipos de transporte) em vez do carro, e que se beneficiaram muito com isso. Em vez de agarrar o volante e ficar frustradas, elas usam o tempo para ler ou ouvir música. Dormem, meditam, pensam ou simplesmente relaxam.

Obviamente, este é apenas um pequeno número de mudanças potenciais que você pode considerar. Todo mundo é diferente, e temos muitos hábitos diferentes que são obstáculos para nossa felicidade. Embora eu não tenha ideia de quais hábitos você possa querer mudar, tenho bastante certeza de que consegue pensar em pelo menos um. Vamos lá, tente. O que você tem a perder — exceto, talvez, um pouco de estresse?

28
CONCENTRE-SE NO AGORA

Muito já foi escrito sobre a mágica qualidade de "viver o momento presente". Acredito, contudo, que esta é uma parcela da sabedoria sempre viva e inesgotável. À medida que treinamos a atenção para que esteja mais focalizada neste momento, percebemos alguns benefícios notáveis ocorrendo na vida profissional. Ficamos muito menos estressados e apressados, mais eficientes e nos relacionamos melhor. O trabalho também torna-se muito mais agradável, passamos a ouvir melhor os outros e acentuamos nossas curvas de aprendizado.

Muitas vezes nossa atenção se desvia para o futuro. Pensamos (e nos preocupamos) em muitas coisas ao mesmo tempo — prazos e problemas potenciais, o que vamos fazer neste fim de semana, reações ao nosso trabalho. Antecipamos objeções, obstáculos e coisas que provavelmente darão errado. Frequentemente nos convencemos de como é difícil fazer algo, muito antes do evento real.

Ou então nossa atenção é atraída para o passado — nos arrependemos de um erro que cometemos na semana passada, ou de uma discussão que tivemos esta manhã. Às vezes ficamos preocupados com "o pouco lucro do trimestre passado" ou revivemos um evento doloroso ou embaraçoso. E, seja no futuro, seja no passado, geralmente encontramos uma maneira de imaginar o pior. Grande parte dessa atividade mental envolve aspectos de um futuro que pode sequer acontecer. E mesmo que aconteça, a antecipação em geral é pior do que o próprio evento, e raramente ajuda. Ou envolve atividades passadas que já acabaram; coisas que podem ter realmente acontecido, mas sobre as quais não temos mais nenhum controle.

Naturalmente, toda esta atividade mental está acontecendo enquanto supostamente trabalhamos. Mas quão eficazes realmente somos quando nossas mentes estão praticamente em toda parte menos aqui, no presente?

Já fiz as duas coisas — trabalhei com a mente girando em todas as direções e com a mente bastante concentrada — e posso dizer, com absoluta certeza, que uma mente concentrada é mais relaxada, criativa e eficiente do que uma mente dispersa. Diria que uma das minhas grandes qualidades é a habilidade (que ainda está progredindo) de me concentrar em uma coisa de cada vez. Quando estou falando com alguém no telefone ou pessoalmente, geralmente sou capaz de estar "bem ali", com ele, sem me distrair com outras coisas. Isso permite que eu realmente ouça o que está sendo dito.

Tento fazer o mesmo quando estou escrevendo. Exceto no caso de uma verdadeira emergência, fico completamente absorvido no que estou fazendo. Isso permite que toda a minha atenção e energia disponíveis sejam direcionadas para uma única atividade — um ambiente ideal para a criatividade e para um trabalho eficiente. Descobri que uma única hora de trabalho realmente concentrado é pelo menos igual em produtividade a um dia inteiro de distração. O mesmo acontece quando estou falando com um grupo. Uma das coisas que me empenhei para conseguir foi a habilidade de estar com um grupo de pessoas sem desejar estar em outra parte. Em outras palavras, se estou em Chicago não penso sobre o compromisso de amanhã em Cleveland. Acho que esta orientação para o momento presente me tornou um orador mais eficiente e me permitiu trabalhar árduo e viajar um bocado sem ficar exausto.

Esta qualidade de "viver o momento presente" tem mais a ver com o que está acontecendo em sua mente do que com aquilo que está acontecendo em seu escritório. Sempre haverá distrações externas — telefonemas, interrupções, compromissos, e assim por diante. O elemento-chave é a rapidez com que você é capaz de trazer a atenção de volta para aquilo que está fazendo, indo de uma coisa à próxima e voltando.

Contudo, mais do que uma eficácia maior, o grande benefício de viver plenamente o presente é que o seu trabalho será muito mais agradável. Existe algo realmente mágico em estar completamente absorvido no que se está fazendo; isso aumenta imensamente sua satisfação. Tenho certeza de que vai gostar disso.

29

CUIDADO COM O QUE PEDE

Muitos de nós passam um bocado de tempo desejando que as coisas sejam diferentes. Sonhamos com um emprego melhor, mais responsabilidade, menos disto e mais daquilo. Às vezes, gastamos energia desejando coisas que realmente melhoram (ou melhorariam) a qualidade da nossa vida. Em outras ocasiões, contudo, essas próprias coisas que desejamos não são realmente dignas da troca, ou do esforço. Por isso, sugiro que tenha muito cuidado com o que pede.

A finalidade desta estratégia não é encorajá-lo a parar de sonhar ou de trabalhar por uma vida melhor, mas sim alertá-lo para o fato de que às vezes a sua vida já está ótima exatamente do jeito que é. A minha meta aqui é sugerir que você reflita com muito cuidado sobre o que acha que quer, porque você pode acabar conseguindo, o que muitas vezes é mais do que queria — mais frustração, mais problemas, mais viagens, mais responsabilidade, mais conflitos, mais exigências em relação ao seu tempo e assim por diante. Pensar nesses termos muitas vezes nos ajuda a considerar o fator gratidão e perceber que talvez as coisas não sejam tão ruins quanto pensamos.

Conheci muitas pessoas que passaram anos concentradas em como suas vidas seriam melhores se determinadas coisas ocorressem — por exemplo, quando finalmente fossem promovidas para várias posições — de tal maneira que ignoravam as muitas partes boas da posição que já tinham. Em outras palavras, estavam tão concentradas no que havia de errado com suas carreiras que deixavam de apreciar as dádivas que já estavam ao seu dispor o tempo todo.

Por exemplo, conheci um homem que sonhava com um trabalho que ele achava que seria "muito melhor" dentro da mesma empresa onde já trabalhava. Ele lutou por aquele trabalho durante muito tempo, reclamando constantemente da posição que então ocupava. Só quando finalmente conseguiu a posição almejada é que percebeu as grandes trocas que estavam envolvidas. É verdade que agora tinha um pouco mais de prestígio e um salário um pouco melhor, mas também era forçado a viajar vários dias da semana, às vezes mais do que isso. Sentia muita falta dos três filhos e começou a perder eventos importantes — jogos de futebol, shows musicais, reuniões com professores e outras datas especiais. Além disso, o relacionamento com sua esposa ficou prejudicado à medida que a rotina relativamente tranquila foi substituída pela suposta "vida melhor". Também foi forçado a diminuir o programa de exercícios que tanto prezava devido à sua agenda, agora mais ocupada e muito menos flexível.

Uma mulher que conheço trabalhou duro para convencer seu chefe de que merecia trabalhar em casa em vez de ir até o escritório. Ela conseguiu. O problema era que nunca tinha percebido (até um mês depois) que, apesar do trânsito horrível que enfrentava, ela realmente gostava de ir para a cidade todos os dias. Era a sua única chance de encontrar os amigos no almoço e depois do trabalho. Era sua estrutura social, sua chance de estar com as pessoas. Também passou a sentir falta de almoçar nos cafés locais, da sua música favorita que ouvia no caminho para o trabalho e de outros prazeres simples que, até então, não percebera. Depois de algum tempo, ela começou a sentir-se prisioneira na própria casa.

Outras pessoas anseiam pelo poder ou pela fama. Só depois que alcançam é que percebem que não ter privacidade nenhuma é uma amolação. Em vez do anonimato, que a maioria de nós considera natural, as pessoas agora as devoram com olhares. Estão muito mais expostas a críticas e avaliações mais detalhadas.

Quero enfatizar que não estou assumindo uma postura negativa com relação a nenhuma dessas barganhas. Muitas vezes ganhar mais dinheiro é essencial, e pesa mais do que qualquer outra consideração que possamos tecer. Para muitas pessoas o trânsito congestionado é quase insuportável e deveria ser evitado praticamente a qualquer custo. Algumas pessoas adoram os refletores e a visibilidade maior. O ponto importante aqui não são os detalhes, ou qualquer tipo de julgamento de valor, mas o reconhecimento da importância de se questionar — "o que realmente estou pedindo e por quê?".

Quando pensar sobre seu trabalho ou sua carreira, é importante considerar o que é certo e bom no seu trabalho, além de concentrar-se no que poderia ser melhor. Sentir-se satisfeito ou estar feliz não significa que você vá deixar de trabalhar duro para tornar a sua carreira a mais bem-sucedida possível. Você pode ter as duas coisas — felicidade e motivação — sem sacrificar a sua sanidade.

Tenha em mente que mais responsabilidade pode ser uma grande coisa, mas pode muito bem conduzir a uma vida com menos liberdade pessoal, privacidade e outras coisas do gênero. Do mesmo modo, um salário melhor pode deixá-lo mais seguro financeiramente e valer a pena — mas você pode ter que desistir de outras coisas que ainda não considerou, ou que simplesmente não percebe. É importante pensar nisso. Lembre-se, tome cuidado com o que pede, porque pode conseguir — e até mais.

30

AMORTEÇA OS QUEBRA-MOLAS DO SEU DIA

◇◇◇◇◇◇◇◇◇◇◇◇◇

Uma metáfora que acho útil para a minha vida é a do quebra-molas. Em vez de rotular as questões que surgem durante um típico dia de trabalho como problemas, pense nelas como quebra-molas. Um quebra-molas de verdade, como você sabe, é uma pequena lombada numa estrada feita para chamar sua atenção e reduzir a velocidade. Dependendo de como nos aproximamos e lidamos com a lombada, podemos ter uma experiência desagradável, desconfortável e até mesmo danosa. Ou, então, pode ser simplesmente uma desaceleração temporária — nada de mais.

Se você pisar no acelerador e se agarrar ao volante, vai atingir o quebra-molas com um estrondo! Seu carro pode ser danificado, vai fazer muito barulho e você pode até se machucar. Além disso, vai desgastar desnecessariamente seu carro, e parecerá tolo e desagradável para os outros. Contudo, se for na direção do quebra-molas devagar e cuidadosamente, vai passar por ele sem problemas. Não vai sofrer efeitos prejudiciais, e seu carro ficará intacto. Vamos encarar a verdade. De qualquer modo, você provavelmente vai passar sobre o quebra-molas. Como você (e o seu carro) vai ficar depois disso, contudo, é outra questão.

Se você pratica esqui ou anda de bicicleta sabe como isto funciona. Se endurecer o corpo, é difícil amortecer o efeito do quebra-molas. A sua aparência vai ficar péssima, e você poderá até cair. A lombada vai parecer maior do que realmente é.

Os problemas podem ser considerados sob um ponto de vista semelhante. Podemos ficar irritados com eles, pensando como são injustos e horríveis, reclamar deles com outras pessoas. Podemos lembrar, repetidas vezes, como a vida é difícil e como este problema é mais uma justificativa para nosso "direito" de ficarmos irritados! Podemos endurecer. Infelizmente, é desse modo que muitas pessoas encaram os seus problemas.

Quando você pensa nos seus problemas como quebra-molas, contudo, eles passam a ser muito diferentes. Você começa a esperar que uma quantidade de quebra-molas se apresente durante um dia comum. Como andar de bicicleta, os quebra-molas são apenas parte da nossa experiência. Podemos lutar e resistir, ou podemos relaxar e aceitá-los. Quando um problema aparece no decorrer do dia, você pode começar a dizer com seus botões "ah, mais um". Então, como a lombada no caminho do esqui ou da bicicleta, você começa a relaxar, amortecendo o choque, fazendo com que ele pareça menos significativo. Então, calmamente, você determina qual ação ou decisão tem mais probabilidade de fazer com que você pule o obstáculo de uma maneira eficiente e graciosa. Como quando se esquia, quanto mais calmo e relaxado você estiver, mais fácil será manobrar.

Pensar em problemas como quebra-molas ajuda a dizer coisas como: "Qual será a melhor maneira de atravessar este aqui?" Há um saudável elemento de distanciamento envolvido quando você olha para o problema de forma objetiva e não temperamental, e procura o caminho de menor resistência. Em outras palavras, você assume que existe uma resposta e que é necessário descobrir qual. Essa visão é totalmente contrária àquela que nos faz ver tais questões como problemas e nos induz a pensar em termos de emergências.

Se você pensar na sua vida profissional, provavelmente vai concordar que, de uma forma ou de outra, você consegue atravessar a grande maioria dos problemas que enfrenta. Se não o fizesse, provavelmente não se manteria por muito tempo no que quer que estivesse fazendo. Sendo assim, qual é a lógica de entrar em pânico e tratar cada problema como se fosse um grande desastre?

A minha opinião é que se você experimentar agir assim — simplesmente pensar e rotular seus problemas como quebra-molas em vez de problemas — ficará agradavelmente surpreso com a maneira como seu dia vai passar. Afinal de contas, problemas podem ser muito difíceis, mas quase todo mundo consegue ultrapassar um quebra-molas.

31

FAÇA CARIDADE COM SEU TRABALHO

Às vezes a melhor maneira de entender o valor de algo é avaliar a falta que aquilo faz. Este é um desses momentos. Se você atualmente não tem uma instituição de caridade favorita à qual destinar os frutos de seu trabalho, quanto do lucro dos negócios acaba virando doação? 5%, 2%, zero? Quem sabe? Sabemos que uma coisa é certa: nos negócios, sempre há algum lugar para aplicar seu dinheiro. Assim, se esperar até que todo o resto esteja resolvido, nunca vai dar nada a ninguém.

Seja individualmente ou por intermédio de uma empresa, existem muitos motivos para realizar obras de caridade — necessidade, satisfação, compaixão, desejo de ser útil, dar em retribuição, garantir nosso futuro, cuidar dos outros, nutrição espiritual; e também como forma de dedução dos impostos. Eleger uma instituição de caridade, contudo, oferece ainda mais motivos para doar. O seu negócio estabelece uma meta voltada para ajudar os outros. Em vez de uma estimativa ou cálculo de impostos de última hora, você sabe exatamente — mês a mês — quanto dinheiro o seu negócio está compartilhando. É bastante satisfatório. Também é um incentivo a mais para ter lucro. Em outras palavras, se o seu negócio reservar 5% dos lucros líquidos para caridade, significa que quanto mais dinheiro lucrar, mais dinheiro será destinado aos necessitados. Este ato faz de seu negócio um modelo de funcionamento empresarial. Faz com que você se destaque por saber que está fazendo a coisa certa. Sempre que você se destaca de uma maneira positiva, com intenções sinceras, o resultado só pode ser bom.

Ser o mantenedor de uma obra de caridade também proporciona um benefício inestimável ao seu negócio. Desenvolve o espírito de trabalho em equipe, uma união para uma realização valiosa e uma meta compartilhada. Todos os envolvidos têm uma sensação de satisfação, o senso de que seu negócio está produzindo um impacto positivo, não só para os funcionários, acionistas e consumidores, mas também para as causas externas. Isso encoraja as pessoas a pensarem em termos de dar e receber, o que tende a fazer com que também realizem mais fora do local de trabalho. Toda essa boa vontade e ênfase na partilha ajudam a criar um ambiente mais harmonioso e gentil. A doação permite que todos sintam-se satisfeitos consigo mesmos e com seus esforços. Isso, por sua vez, colabora para que as pessoas relaxem, mantenham a objetividade, e deixem de fazer tempestade em copo d'água.

Se você possui seu próprio negócio, é fácil colocar essa estratégia em prática. Simplesmente comece. Se você trabalha para uma empresa pequena, também pode ser relativamente fácil. Leve o caso ao proprietário ou à pessoa responsável. Contudo, se trabalha para uma grande empresa, a coisa pode ser diferente. Numa grande empresa, existe o pressuposto implícito de que "outra pessoa vai tomar conta disso", ou uma sensação de que ninguém vai estar disposto a ouvir a sua sugestão. Mesmo que isso seja verdade, vale a pena tentar. Conheci alguns líderes empresariais. A minha experiência é que, na maioria, eles são exatamente como o restante de nós. Eles têm coração e pelo menos algum grau de compaixão. A maioria das pessoas gosta de fazer doações. Não cometa o erro de achar que seu empregador não estará disposto a dedicar-se a uma obra de caridade. A minha opinião é que a maioria dos funcionários gostaria de contribuir, e provavelmente já contribuem de outras maneiras. Muitos seriam receptivos a esta sugestão — até mesmo agradeceriam. E se você der o melhor de si e ainda assim não conseguir, tudo bem. Você pode experimentar uma estratégia semelhante na sua vida pessoal.

Você pode imaginar o impacto cumulativo na sociedade se todas as pequenas empresas e corporações partilhassem 5% ou 10% de seus lucros com os necessitados? Seria incrível! Algum dia, quando se recordar de sua carreira, provavelmente sentirá orgulho de muitas coisas. Se você participar com donativos para caridade, isto vai ficar no topo da sua lista. Ao encorajar sua empresa a agir, a dedicar-se a uma obra de caridade, você terá dado uma importante contribuição para o mundo. Obrigado por fazer a sua parte.

32

NUNCA, NUNCA FALE MAL DOS OUTROS

Participava de um evento empresarial antes de ser o palestrante convidado, quando um jovem se aproximou de mim e se apresentou. Ele me pareceu bastante simpático até o momento em que começou a falar mal dos outros.

Ele se lamentava e reclamava do seu chefe e de muitas outras pessoas com quem trabalhava. Depois de dez minutos, fiquei completamente inteirado da "sujeira" da sua empresa. Se eu acreditasse na sua versão da história, a empresa toda era neurótica — exceto ele, naturalmente.

O mais lamentável disso tudo é que eu nem mesmo acho que ele estivesse consciente do que fazia — tudo parecia ser apenas parte da sua conversa normal. Aparentemente, falar mal dos outros pelas costas era um hábito dele.

Infelizmente esta tendência não é exclusiva daquele homem. Por ser alguém que viaja até grupos diversos de pessoas em diferentes partes do país, sinto informar que o hábito da maledicência está vivo e... como está! Talvez um dos motivos da sua difusão seja que poucos de nós pensam nas consequências.

Existem duas razões muito boas para nunca maldizer os outros. Primeiro, é horrível e deixa você muito mal. Quando ouço alguém "malhando" uma pessoa pelas costas, isso não me diz nada sobre a pessoa a quem estão se referindo, mas me diz um bocado sobre a necessidade de julgar de quem está falando. Para mim, alguém que malha uma pessoa pelas costas é falso ou hipócrita. Duvido muito que o homem a quem me referi no exemplo mencionado tenha dito aos seus colegas o mesmo que disse para mim. Em outras palavras, ele fazia uma cara sorridente e dizia coisas agradáveis para eles mas, pelas costas, agia de uma maneira completamente diferente. Do meu ponto de vista, isso não é jogo limpo, e faz com que a pessoa maledicente passe uma imagem horrível de si mesma.

E além de ser uma coisa mesquinha e injusta que prejudica a sua imagem, é importante perceber que a maledicência também gera outros problemas. Ela provoca estresse, ansiedade e outros sentimentos negativos.

Na próxima vez que ouvir alguém falando mal de outra pessoa, tente imaginar como quem está falando realmente se sente — por trás da aparência segura e confiante. Como é dizer coisas desagradáveis, ofensivas e negativas sobre alguém que nem ao menos está perto para se defender? Obviamente, esta é uma pergunta importante — mas a resposta é tão óbvia que chega a ser embaraçoso discuti-la. Eu sei que quando falei mal de alguém no passado, minhas palavras me deixaram com um sentimento desconfortável. Lembro-me de ter perguntado a mim mesmo: "Como pude me rebaixar tanto?" Você não tem como vencer. Pode ter um momento ou outro de alívio por tirar algo do peito, mas terá de viver com suas palavras pelo resto do dia — e depois.

A maledicência também causa ansiedade. O homem que ouvi estava falando bem baixo, não queria ser ouvido. Não seria mais fácil e menos estressante falar de maneira generosa sobre os outros, num tom respeitoso? Quando você o faz, não precisa se preocupar se alguém escuta ou não sua conversa, ou compartilha suas histórias maledicentes com outros — talvez com a pessoa que você está atacando pelas costas. De fato, quando você fala mal de alguém, a pressão começa — você está em guarda, agora forçado a proteger seu segredo. Não vale a pena!

Finalmente, é absolutamente previsível que ao falar mal de alguém você perderá o respeito e a confiança das pessoas com quem está conversando. Lembre-se, a maioria das pessoas com quem está falando é de amigos ou colegas. É importante perceber isso, pois mesmo que pareçam gostar do que você está dizendo, e mesmo que eles também participem da fofoca, sempre haverá alguns que sabem que você é capaz de maledicência; assistiram a isso em primeira mão. É inevitável, portanto, que acabem perguntando a si mesmos: "Se ele fala por trás de alguém, não há de ser capaz de fazer a mesma coisa comigo?" E mais, eles sabem que a resposta é sim.

Um dos cumprimentos mais agradáveis que já recebi foi quando alguém com quem tenho muito contato me disse: "Nunca ouvi você dizer algo desagradável sobre ninguém." Infelizmente, como mencionei antes, já falei coisas mesquinhas sobre os outros pelas costas, e não me orgulho disso. Contudo, levei aquele comentário a sério porque estou fazendo o máximo para evitar a maledicência a todo custo.

Ninguém é 100% perfeito. Um comentário ocasional ou um desabafo de sentimentos não vai provocar grande estresse ou arruinar a sua reputação. Mas levando tudo em conta, é realmente melhor deixar a maledicência de lado, para sempre.

33

ACEITE O FATO DE QUE, DE VEZ EM QUANDO, VOCÊ TERÁ UM DIA REALMENTE RUIM

◇◇◇◇◇◇◇◇◇◇◇◇◇

Recentemente tive um desses dias ruins que, em retrospecto, são absolutamente hilariantes. Parecia que tudo o que podia dar errado, deu. Aqui estão alguns dos pontos altos: fui convidado para voar até outro estado para dar uma palestra para um grupo grande. Para ser honesto, eu não queria ir porque tinha acabado de voltar para casa após uma série de viagens, e estava com muita saudade da minha família. Estava cansado e com trabalho atrasado. Embora já tivesse outros planos, fui informado pelo meu editor de que era um evento muito importante e que o grupo realmente apreciaria a minha presença. Portanto, concordei em ir.

No caminho para o aeroporto fiquei preso em um dos piores engarrafamentos que já vi — uma corrida de quarenta e cinco minutos levou mais de duas horas. Aumentei o problema derramando café na minha camisa.

Quando cheguei ao aeroporto, o avião estava atrasado e meu lugar havia sido ocupado por outra pessoa, o que me fez ficar apertado na cadeira do meio. Isso é difícil para mim, porque não só sou muito alto como claustrofóbico, além de costumar escrever bastante em aviões. (Na verdade, estou escrevendo esta estratégia na rota Miami–San Francisco.) Como o avião estava atrasado, perdi minha conexão em Chicago e tive de esperar muitas horas para pegar o próximo voo naquela noite. Enquanto estava lendo no aeroporto de Chicago, uma mulher tropeçou na mala de alguém e derramou seu refrigerante melado bem em cima da minha maleta aberta. Enquanto pedia desculpas, o que sobrou da bebida caía no meu livro! As notas para minha palestra, ideias para este livro, assim como meus bilhetes aéreos, contas, fotos dos meus filhos e muitas outras coisas ficaram basicamente arruinadas.

Quando finalmente cheguei ao meu destino estava exausto, mas estava quase na hora de "despertar". Assim, sem dormir, tomei um banho e desci as escadas. Tinha instruções para encontrar, na recepção do hotel, minha guia para o evento numa determinada hora, mas ela nunca apareceu! Liguei, portanto, para o centro de convenções onde daria a palestra e fui informado de que, devido a algum estranho problema de segurança que estavam tendo, meu acesso, sem acompanhante, não seria permitido. Instruíram-me, mais uma vez, a ficar onde estava e esperar pela minha carona. Você provavelmente já adivinhou que perdi o evento. Deixei na mão praticamente duas mil pessoas, que esperavam pela minha palestra. Era claramente "um daqueles dias".

Como costuma acontecer, não foi culpa de ninguém — só uma comédia de erros, má sorte e má comunicação.

Desastre, certo? Uma emergência? Hora de entrar em pânico? Vejo da seguinte maneira: por que eu deveria ser diferente do restante da raça humana? Sejamos sinceros. Todos nós temos dias realmente ruins de vez em quando. Deve ter sido a minha vez. Já fazia tempo que eu não experimentava um dia de trabalho como aquele. Na verdade, até aquele dia eu jamais havia perdido um evento marcado por motivo algum. Acho que era inevitável.

Esta não é uma atitude insensível, apática ou desdenhosa. Ao contrário, como você provavelmente também faz, tento fazer o melhor que posso e muitas vezes me esforço para garantir uma chegada pontual. Orgulho-me de ter obtido um recorde quase perfeito de eventos que não foram cancelados e, ao chegar, me empenho na abordagem de temas de interesse da minha audiência. Contudo, somos apenas humanos. Além de dar 100%, não sei mais o que pode ser feito. Você sabe algo que eu não saiba?

Descobri que é útil aceitar o fato de que, de vez em quando, isso também acontece com você. Pode não ser uma palestra, mas vai ser alguma coisa. Não quer dizer que você precise gostar disso; só que é necessário aceitar bem este fato inevitável da vida. Deste modo, em vez de sentir-se surpreso e frustrado, se perguntando "como isto pode estar acontecendo comigo?", você pode aprender a criar compensações no seu comportamento para esses pesadelos ocasionais (espera-se). Quando você abre o seu coração para os erros humanos e para as peças pregadas pela natureza, consegue manter seu senso de humor de forma a não se levar demasiadamente a sério, e aproveitar ao máximo uma situação ruim. Isso também permite que você perdoe aqueles que eventualmente cometem erros inocentes e que também têm dias ruins.

Como costuma ser o caso, quando você mantém a calma em vez de entrar em pânico, a maioria das outras pessoas também vai se comportar bem. Neste caso em particular, acabei passando o dia com várias pessoas realmente adoráveis e talentosas. Conseguimos salvar a conferência, promovendo uma tarde de autógrafos. Embora obviamente tivéssemos esperado por um tipo diferente de dia, aproveitamos ao máximo o dia que tivemos e acabamos rindo juntos e nos divertindo um bocado. O mundo não parou simplesmente porque Richard Carlson teve um pouco de azar.

Você pode considerar situações como essa (e muitas outras) horríveis e frustrantes ou pode tentar achar o lado bom disso tudo.

E mesmo que não encontre nenhum, pode pelo menos rir de si mesmo e do modo como o universo às vezes funciona, e aproveitar ao máximo a situação. A minha sugestão é simples: aceite o fato de que de vez em quando você vai ter um dia realmente ruim. Então, qual é a novidade?

34

RECONHEÇA PADRÕES DE COMPORTAMENTO

Seja lá onde você trabalhe ou o que faça, especializar-se em reconhecer padrões de comportamento pode ajudá-lo a reduzir o estresse em sua vida, eliminando muitos conflitos interpessoais desnecessários. Isso também o ajuda a manter a objetividade e a ficar menos surpreso quando "coisas acontecem". No momento em que você aprender a reconhecer padrões de comportamento será capaz de detectar problemas antes que eles tenham a chance de crescer demais, cortar certas discussões pela raiz e impedir obstáculos que poderiam se manifestar.

Se olhar cuidadosamente as pessoas com quem trabalha, provavelmente concordará que a maioria delas (você e eu, também) tende a repetir padrões e a reagir de maneira habitual. Em outras palavras, tendemos a ser incomodados pelas mesmas coisas, irritados pelos mesmos conjuntos de circunstâncias, a discutir sobre as mesmas séries de fatos e a agir de maneira defensiva em relação a certos tipos de comportamento. Na verdade, para a maioria de nós, nossas formas de reação à vida, particularmente o estresse, são bastante previsíveis.

Sendo este o caso, é muito útil observar bem as pessoas com quem você trabalha e reconhecer quaisquer padrões negativos e destrutivos que tendam a repetir-se. É possível notar, por exemplo, que se interpelar ou desafiar um membro da sua equipe ele poderá ficar na defensiva e propenso a discutir. Isto não significa que nunca seja apropriado desafiá-lo — certamente haverá ocasiões em que é apropriado. O fato é que quando você reconhece, com relativa certeza, o que vai acontecer se entrar em determinados tipos de interação, pode decidir se vale a pena ou não entrar na questão. Deste modo, você pode evitar conflitos desnecessários e gastar seu tempo e energia de uma maneira mais eficaz. Para ser capaz de fazer isso, naturalmente terá de olhar com rigor e honestidade para os seus próprios padrões de comportamento. Talvez seja você mesmo que inicia algumas das discussões, ou talvez seja um participante voluntário no momento em que elas tenham começado.

É provável que haja alguém em seu escritório que seja virtualmente incapaz de completar um projeto a tempo — ele está sempre atrasado, um dia ou dois. Tem sempre uma desculpa excelente e aparentemente legítima, mas o resultado é o mesmo — ele está atrasado. Ao conscientizar-se do padrão e da certeza virtual com que isso acontece, você poderá ser capaz de se proteger ou, pelo menos, ficará menos frustrado. Você pode evitar participar de projetos com ele que demandem pontualidade. Caso evitar não seja possível, tente reservar algum tempo extra, ou começar cedo, já sabendo o que provavelmente ocorrerá. E, na pior das hipóteses, você provavelmente ficará menos estressado porque já sabia o que ia acontecer.

Talvez uma outra pessoa no seu trabalho sempre discuta quando é criticada. Se você reconhece este padrão particular de comportamento, pode pensar duas vezes antes de lhe oferecer conselhos habituais que provavelmente serão recebidos como críticas. No entanto, caso seja necessário e adequado criticar ou oferecer conselhos, então a história é completamente diferente. A referência que faço é aos tipos de comentários diários e habituais que levam a ressentimentos e conflitos desnecessários.

Talvez um amigo ou colega goste de fofocas. Ao reconhecer esse padrão de comportamento, você pode evitar uma boa dose de problemas potenciais e deter rumores antes que tenham a chance de começar. Você passa a perceber que, se lhe contar uma história, ele a contará para outros. Não importa se você pediu para ele não falar nada — e ele prometeu não falar — ou que suas intenções sejam sinceras. Isso não significa que ele é uma pessoa ruim, só que seu padrão é ser fofoqueiro. Se você reconhecer este padrão, terá uma grande vantagem. Vai poder morder a língua e manter seus segredos para si quando estiver com essa pessoa, a menos que realmente não se incomode em compartilhá-los com outros. E caso você decida dizer algo a ele, não se irrite quando os outros descobrirem seu segredo. Era previsível; faz parte do padrão.

Poderia dar muitos outros exemplos. Uma pessoa vulgar é quase sempre vulgar. Alguém que sente ciúmes geralmente o faz de maneira consistente. Aquele tipo que rouba a glória o faz sempre que a oportunidade surge. Uma pessoa que é desonesta tende a ser desonesta sempre que achar que isso é vantajoso. Alguém que é supersensível provavelmente vai sentir-se criticado, independentemente de quão gentil você tente ser. Um indivíduo que se atrasa com frequência provavelmente chegará atrasado mesmo que você peça que ele não o faça — e assim por diante. Uma vez identificado o padrão, seja ele qual for, é um pouco autodestrutivo alimentá-lo.

Ao reconhecer padrões de comportamento, você está conduzindo as coisas no trabalho, assim como um motorista ao volante. Este tipo de sabedoria reflexiva permite que você escolha melhor o que dizer e o que não dizer; com quem passar o tempo e a quem evitar, quando possível. Isso ajuda você a tomar a decisão de "não ir a certos lugares" com certas pessoas. Começando hoje, considere cuidadosamente os padrões comportamentais do seu lugar de trabalho. Você logo vai ficar menos estressado.

35
DIMINUA SUAS EXPECTATIVAS

Compartilhava esta ideia com um grande grupo de pessoas quando alguém lá no fundo da sala levantou a mão e indagou: "Que tipo de otimista é você, que sugere que nossa expectativa seja diminuída?" Aquela pergunta era válida e, na verdade, você pode estar se perguntando a mesma coisa.

É uma pergunta delicada, porque por um lado você deseja ter altas expectativas e espera que as coisas funcionem bem. Você pode querer acreditar que o sucesso é inevitável e que suas experiências geralmente serão positivas. E com trabalho árduo e muita sorte, muitas (talvez até a maioria) destas expectativas podem realmente se realizar.

Por outro lado, quando você espera demais da vida, quando é pouco realista e muito exigente, se prepara para decepções e muita tristeza desnecessárias. Provavelmente também vai afastar pelo menos algumas das pessoas com quem trabalha, porque a maioria delas não gosta de receber cobranças baseadas em expectativas irreais. A sua expectativa é que os eventos na sua vida evoluam de uma maneira previsível e que as pessoas se comportem de acordo com os seus planos. Quando isso não acontece, o que muitas vezes é o caso, você acaba estressado e infeliz.

Muitas vezes diminuir suas expectativas, mesmo que num grau mínimo, pode fazer com que o seu dia (e a sua vida) pareça muito mais fácil. Você pode criar um clima emocional para si mesmo de forma que quando as coisas funcionam bem, em vez de encarar isso com naturalidade, você fique surpreso e grato. E quando suas expectativas não acompanharem os planos, isso não o deixará arrasado. Diminuir suas expectativas ajuda a impedi-lo de ficar tão surpreso quando esbarra em problemas e "coisas" para resolver. Em vez de reagir de maneira negativa, você será capaz de dizer: "Tudo bem, vou resolver isso." Manter a sua compostura ajuda a lidar com a irritação ou resolver o problema, e terminar o assunto.

A vida não é certinha e sem problemas. As pessoas cometem erros e todos nós temos dias ruins. Às vezes as pessoas são rudes ou insensíveis. Nenhum trabalho é inteiramente seguro e por mais dinheiro que você ganhe, provavelmente não vai parecer o bastante. Linhas telefônicas e computadores ocasionalmente pifam, como tudo mais.

Quando conheci Melissa ela trabalhava para uma empresa de desenvolvimento de softwares. Ela a descrevia como seu primeiro "emprego de verdade". Ela era jovem e motivada e tinha expectativas excepcionalmente elevadas. O problema era que muitas das suas expectativas não estavam sendo correspondidas. Ela não estava sendo tratada com o grau de respeito que queria (ou esperava) e suas ideias não estavam sendo levadas a sério. Sentia-se menosprezada e ignorada; estava frustrada e esgotada.

Sugeri que diminuísse suas expectativas e pensasse no trabalho sob um prisma diferente. Em vez de esperar que seu trabalho fosse tudo para ela, perguntei se não poderia considerá-lo como um degrau para coisas maiores e melhores para mais tarde. Ela levou minha sugestão a sério e seu mundo começou a mudar para melhor. Sem ocupar a mente com as necessidades que *não* estavam sendo satisfeitas, ela foi capaz de se concentrar nos aspectos mais essenciais do seu trabalho. A sua curva de aprendizado acelerou, e seu nível de estresse diminuiu.

Cerca de um ano mais tarde, recebi uma agradável mensagem de Melissa, me informando como tinha sido útil diminuir suas expectativas. Ela disse especificamente o seguinte: "Não sei por que me importava tanto com as coisas. Obviamente, cada emprego tem vantagens e desvantagens. Acho que aprendi a ter um pouco mais de objetividade e a ir com calma." Ela devia estar fazendo as coisas bem direito, pois havia sido promovida duas vezes desde a última vez que falei com ela.

Muitas pessoas confundem expectativas com padrões de excelência. Compreenda que não estou sugerindo que diminua seus padrões ou que aceite um desempenho fraco como bom. Sequer estou dizendo que você não deva considerar as pessoas responsáveis. O que estou sugerindo é que você deve reservar um espaço no seu coração para o mau humor, erros e problemas técnicos. Em vez de passar tanto tempo irritando-se com a maneira como as coisas se desenvolvem, você conseguirá ficar calmo. A vida e muitos dos seus desafios não irão incomodá-lo tanto. Isto vai conservar sua energia e, em última instância, torná-lo mais produtivo.

Não tenha dúvidas: você ainda quer fazer o máximo para colocar as probabilidades a seu favor — trabalhar duro, planejar antecipadamente, fazer sua parte, ser criativo, preparar-se bem, solicitar a ajuda de outros, ser um membro da equipe. Contudo, por mais que tente, a vida nem sempre acontece conforme planejado. Uma das melhores maneiras de lidar com esse elemento inevitável é deixar de esperar que seja diferente. Então, diminua um pouco suas expectativas, e veja como sua vida se tornará muito mais agradável. Você não vai se desapontar.

36

ELOGIE A SI MESMO

Para a maioria de nós existem ocasiões em que nos sentimos menosprezados, como se ninguém compreendesse o quanto nos esforçamos e quanto estamos tentando fazer. Um dos meus conselhos favoritos é sempre elogiar os outros e dizer às pessoas o quanto apreciamos seu trabalho. Você vai encontrar partes deste conselho espalhadas por este livro. Existem ocasiões, contudo, nas quais ninguém parece estar aplicando este conselho à nossa pessoa e ninguém parece nos apreciar.

Às vezes é importante parar o que você está fazendo e elogiar a si mesmo. Pense alguns minutos sobre o que esteve fazendo e sobre a natureza das suas intenções e ações. Recorde mentalmente suas realizações; pense em como trabalha duro e como está contribuindo para as suas metas e com as pessoas com quem está trabalhando.

Por mais simples que possa parecer, realmente funciona! Fiz isso várias vezes e descobri que ajuda a ver as coisas de forma objetiva. Às vezes isso me faz lembrar de como sou ocupado agora e me proporciona uma certa compaixão por todas as outras pessoas ocupadas. Posso reconhecer por que as pessoas às vezes esquecem ou são incapazes de apreciar os outros — elas estão absortas nos seus trabalhos e nas próprias vidas.

Às vezes andamos tão rápido que esquecemos de parar e refletir. Quando paramos algum tempo, contudo, podemos recuperar nossa perspectiva e perceber que estamos dando uma contribuição valiosa para nós mesmos, para nossas famílias, para as pessoas e a empresa com que trabalhamos e para a humanidade. Reconhecer a própria contribuição é realmente mais poderoso e satisfatório do que ouvir isso dos outros. Na verdade, para sentir-se bem com relação a si mesmo e a seus esforços, você deve ser capaz de cumprimentar-se e de reconhecer, intimamente, suas contribuições.

Quase todos gostam de ser elogiados pelos outros. Parece ótimo. Contudo, quando não acontecer, não deixe que isso o deprima ou afete de forma negativa seu comportamento. Elogios dos outros nunca são uma certeza, e torná-los uma condição para sua felicidade é realmente má ideia. O que você pode fazer é elogiar a si mesmo. Seja honesto e sincero quanto aos seus cumprimentos. Se você está fazendo um bom trabalho, diga isso; se está fazendo hora extra, dê algum crédito a si mesmo. Se está tornando a vida um pouco melhor, mesmo que para uma única pessoa, ou fazendo algum tipo de contribuição à sociedade, então o mundo é um lugar melhor graças a você. Você merece ser reconhecido. Se realmente se der ao trabalho de fazê-lo, acho que vai considerar este exercício digno do esforço.

37

SEJA MENOS EGOÍSTA

Para mim, existem poucas qualidades humanas menos atraentes do que o egoísmo. Pessoas egoístas levam a si mesmas demasiado a sério. Adoram ouvir a própria voz e valorizam o próprio tempo — e o de mais ninguém. Costumam ser bastante egoístas com seu tempo, amor e dinheiro, além de não ter compaixão pelos menos afortunados. São arrogantes e passam uma imagem pomposa e farisaica. Indivíduos egoístas veem os outros, e muitas vezes os tratam, como instrumentos ou objetos para conseguir algo que desejam. Costumam enxergar somente um ponto de vista — o deles. Eles estão certos e todos os outros errados, a menos, é claro, que você concorde com eles.

Pessoas egoístas podem ser grosseiras, insensíveis aos sentimentos alheios e basicamente interessadas em si mesmas — nas próprias necessidades e desejos. Elas tendem a ver as pessoas de uma maneira hierárquica. Em outras palavras, veem certas pessoas como menores do que elas e, portanto, as consideram menos importantes do que elas mesmas. Finalmente, as pessoas egoístas são péssimas ouvintes porque, para ser franco, elas só se interessam de forma superficial pelas outras pessoas.

Obviamente, estou pintando um quadro do pior caso possível. Muito poucas pessoas são tão ruins assim. Faço dessa forma, contudo, porque acredito que seja importante conscientizar-se do tipo de pessoa que você absolutamente nunca, sob nenhuma circunstância, deseja ser. Isso o encoraja a certificar-se de que nenhuma dessas características horríveis invadirá a sua vida, e se o fizerem, você agirá rapidamente para modificar o curso das coisas.

Não confunda autoestima com egoísmo. Essas duas coisas não têm relação alguma. Na verdade, você pode dizer que as duas são virtualmente opostas. Uma pessoa com autoestima elevada gosta dos outros e sente-se bem em relação a si mesma. Como já tem aquilo de que necessita no aspecto emocional (sente-se positiva quanto a si mesma), o seu instinto natural é abrir-se para os outros de uma maneira altruísta. Ela é extremamente interessada em ouvir o que as outras pessoas têm a dizer e em aprender com elas. É também muito compassiva, sempre procurando maneiras de ser útil ou generosa e gentil. Ela é humilde e trata todos com respeito e generosidade.

Existem muitos motivos excelentes para tornar-se menos egoísta. Para começar, como você pode ver pelo quadro que pintei, ser egoísta é um péssimo atributo humano. Além disso, ser egoísta é altamente estressante. Na verdade, pessoas egoístas fazem tempestade em copo d'água tanto ou mais do que qualquer outro grupo de pessoas — tudo as incomoda ou as frustra. Parece que nada é bom o bastante.

Por exemplo, pessoas egoístas muitas vezes têm curvas de aprendizado muito baixas. Como não prestam muita atenção e não estão interessadas em outras pessoas, não têm a vantagem de aprender com elas. Além disso, ser egoísta incomoda os outros, fazendo com que oponham extraordinária resistência a dar apoio ou qualquer ajuda significativa. É difícil torcer por uma pessoa arrogante. Na verdade, é tentador querer vê-la fracassar.

Por estes motivos e muitos outros, é uma boa ideia analisar a si mesmo e fazer uma avaliação honesta do seu nível de egoísmo. Julgue por conta própria. Se acha que está caminhando nessa direção, então talvez seja hora de fazer um ajuste mental. Se o fizer, todos vão se beneficiar. Você vai inspirar mais os outros e, em última instância, vai experimentar uma vida mais fácil e realizada.

38

NÃO FIQUE PRESO EM ALGEMAS DOURADAS

◇◇◇◇◇◇◇◇◇◇◇◇◇◇

Desde a primeira vez em que ouvi a expressão "algemas douradas", ela teve um profundo impacto sobre meu ponto de vista e sobre muitas das escolhas que fiz em minha vida. Conheço um grande número de pessoas que foram aprisionadas por estas algemas mentais. A minha meta ao escrever esta estratégia é ver se consigo impedir que isso aconteça com você ou com alguém que você ame ou goste. Ou então, no caso de você descobrir que já está "algemado", talvez eu possa apontar-lhe uma solução.

O termo "algemas douradas" significa que você, voluntariamente, vive no extremo, ou muito próximo, dos seus recursos atuais (ou, em muitos casos, bem acima). Isso significa que você efetivamente se prende a um emprego ou carreira (ou a uma determinada direção profissional), e/ou trabalha horas demais porque você gosta dos benefícios proporcionados e conta com um determinado nível de renda, embora não goste (ou até mesmo se ressinta) do que é necessário para alcançá-lo. Em outras palavras, a recompensa proporcionada pela sua receita é prejudicada pelo estresse que é manter seu estilo de vida.

Você pode achar que não tem tempo para uma vida fora do trabalho, e gostaria de ter. Ou então você passa muito pouco tempo com seus amigos, filhos, cônjuge ou outros entes queridos, ou acha que passa tempo demais viajando, ou fazendo outros sacrifícios. Ter algemas douradas significa que você escolheu, consciente ou inconscientemente, trocar certos aspectos da qualidade da sua vida (tempo, hobbies, parentes, solidão) por dirigir um certo tipo de carro, viver num certo tipo de lar e apreciar certos confortos e privilégios materiais. Acostumamo-nos a um determinado estilo de vida e não conseguimos nos imaginar com menos.

Preste muita atenção ao uso que faço da palavra "voluntário" em qualquer descrição deste problema. Obviamente, essa estratégia não se aplica a pessoas que estão vivendo "no extremo" ou apenas sobrevivendo, gastando cada centavo ganho em necessidades verdadeiras. Em vez disso, se aplica aos casos em que há pelo menos algum grau de escolha envolvido no estilo de vida. Ao examinar sua situação cuidadosa e honestamente, você pode achar que tem mais escolhas do que imaginou anteriormente. E, antes que passe para a próxima estratégia, leia mais! Mesmo que você não esteja aprisionado agora devido à sua renda atual, ainda é importante estar consciente dessa questão para que possa evitá-la mais tarde na sua carreira, ou caso as circunstâncias mudem.

Algumas questões importantes incluem: a propaganda sedutora daquele novo carro o convenceu de que você "mereceu" o privilégio de dirigi-lo? Os salários altos realmente valem a pena? As novas roupas que deveriam fazer com que você ficasse mais satisfeito consigo mesmo fizeram valer as horas extras? É realmente uma honra carregar todos aqueles cartões de crédito, e apesar de ser capaz de comprar praticamente qualquer coisa que deseje, ficar preso a dívidas? Um apartamento de três quartos que você não pode pagar folgadamente é realmente melhor do que um apartamento de dois quartos muito mais barato? Talvez acampar seja tão divertido quanto um hotel? Os garotos realmente precisam ir para a escola particular? Você precisa de tantos eletrônicos? Os restaurantes são sempre melhores do que um almoço trazido de casa ou um piquenique tranquilo? Será que usar transporte público ou solidário para chegar ao trabalho, consequentemente poupando dinheiro de estacionamento, gasolina e pedágio, realmente seria um sacrifício? Você precisa de tantas coisas?

De acordo com a maioria dos padrões, Mark seria um negociante de muito sucesso. Ele estivera "escalando a escada empresarial" trabalhando para a mesma empresa por mais de vinte anos. Ocupava uma posição importante e desafiadora, tinha um bom salário e benefícios, e era altamente respeitado. Vivia numa bela casa, dirigia um carro caro e seus filhos frequentavam uma excelente escola particular. Com o passar dos anos, contudo, Mark ficou menos interessado no seu trabalho e quis fazer algo diferente. Adorava a natureza e sonhava com uma nova carreira voltada para o meio ambiente.

O problema era que Mark vivia além dos seus recursos. Quando perdeu o interesse na carreira, viu-se gastando enormes quantias numa tentativa de preencher os sentimentos vazios. Comprou um caminhão novo, um barco caro e vários outros brinquedos recreativos. Ele racionalizava seus gastos apostando em certos aumentos de salário e bônus em anos futuros. A coisa foi tão longe que ele estava gastando "a receita futura" dos três ou quatro anos vindouros. Ele tinha se aprisionado, porque para arcar com seu estilo de vida e continuar a pagar as contas crescentes, agora seria forçado a permanecer no mesmo emprego, devido ao salário relativamente alto. As suas opções desapareceram e seu sonho teria de esperar.

Embora isso possa ser difícil de aceitar, existe, para muitas pessoas, uma maneira eficiente de lidar com algemas douradas.

Você pode, em muitos casos, optar por baixar seu padrão de vida (é isso mesmo — baixar), gastar menos dinheiro, consumir menos e simplificar sua vida. Sei que esta sugestão vai contra o "American Way" de necessidades e desejos sempre crescentes, e a tendência aparentemente universal de querer aumentar o padrão de vida. Contudo, se pensar nisso por um minuto, esta simples sugestão pode tornar sua vida muito mais fácil e menos estressante.

Acho que todos nós precisamos nos perguntar: Estamos realmente baixando nosso estilo de vida? Estamos menos estressados e preocupados? O nosso padrão de vida diminuiria se fôssemos capazes de criar mais tempo para nós mesmos e para as pessoas que amamos? E estaríamos realmente piores se genuinamente aliviássemos nossas pressões e preocupações financeiras, e talvez até mesmo conseguíssemos um pouco mais de tempo para apreciar nossas vidas?

Não sou contra a realização, conforto material ou o desejo de melhorar a qualidade de vida. Acredito no direito de ser tudo que você pode ser, e de ter tudo o que merece. Reconheço que gastar menos dinheiro e viver abaixo dos seus meios pode implicar escolhas difíceis. Lembre-se, porém, de que meu objetivo com este livro é ajudá-lo a sentir-se menos estressado e a fazer menos tempestades em copo d'água na sua vida profissional. Uma coisa de que estou absolutamente certo é: realmente é difícil não fazer tempestade em copo d'água quando você está preso por algemas douradas.

Não estou sugerindo que todos que ganham bem precisam vender suas casas e se mudar para um lugar menor no interior; ou que você deva trocar seu trabalho, pelo qual lutou tanto, por algo menos estressante; ou que você deva aceitar menos renda como uma alternativa viável. Mas estou sugerindo que algemas de ouro podem ser uma grande e dolorosa fonte de estresse, e que se você retirá-las sua vida ficará muito mais fácil. Portanto, olhe cuidadosamente para seu estilo de vida e decida por conta própria se esta estratégia é para você. Pode ser difícil encarar, mas para muitas pessoas a liberdade que experimentam realmente vale a pena.

39

ACOSTUME-SE A DEIXAR RECADOS

Sempre acho graça quando alguém me diz: "Puxa, você deixa recados muito longos." Embora seja verdade que eventualmente eu faça isso, é um erro estressante pensar neles como "longos". A verdade é que mesmo a mais longa das mensagens gravadas, se for remotamente eficiente, poupa muito tempo e funciona como um excelente instrumento de comunicação.

Na maioria dos casos, um recado longo que você pode deixar para alguém leva cerca de três minutos. Nestes três minutos, você pode deixar informações muito específicas e detalhadas e responder cuidadosamente a perguntas e preocupações específicas, enquanto permite à outra pessoa o luxo de refletir sobre seus comentários, ouvi-los várias vezes, se necessário, e escutar quando for mais conveniente. Mensagens gravadas são uma excelente maneira de explicar um ponto de vista sem interrupções. Também são uma excelente maneira de conseguir que alguém ouça algo sem automáticas reações familiares, como atitudes defensivas, ou tomar uma decisão, ou saltar para conclusões antes de ouvir todos os fatos.

Obviamente eu não conheço seus hábitos ao telefone, mas, se forem parecidos com os meus, dificilmente você fará um telefonema que dure menos do que seis ou sete minutos, às vezes até muito mais. A maioria das ligações pessoais incluem pelo menos alguns minutos de "como vai?" assim como outras distrações associadas que nada têm a ver com o motivo fundamental da chamada. Estimaria que, mesmo quando a minha intenção é manter a conversa curta, a média de tempo por chamada é facilmente de dez minutos.

Como parceiros escritores, meu caro amigo Benjamin e eu organizamos quatro antologias, incluindo *Handbook for the Soul* e *Handbook for the Heart*, em mensagens gravadas mais que 90% do tempo. Vivemos separados por uma distância de 480 quilômetros, e foi uma maneira tão eficiente de nos comunicarmos que tornou nosso trabalho fácil e divertido. Como temos empregos em tempo integral, éramos capazes de registrar, em mensagens gravadas, pensamentos e ideias durante nossas horas de folga. Verificávamos as mensagens deixadas ou gravávamos novas mensagens na hora do almoço, assim como de manhã cedo e tarde da noite. Discutimos a questão muitas vezes e concordamos que, se houvéssemos preferido nos comunicar pessoalmente durante a maior parte do tempo em vez de adotarmos o recurso da gravação de mensagens, provavelmente nenhum dos livros teria sido escrito. Simplesmente teria sido difícil demais coordenar nossas agendas ocupadas e ter tempo para longas sessões de *brainstorming*.

Alguns de vocês podem achar que ao fazer esta sugestão estou sendo de algum modo pouco amistoso ou que não gosto de conversas pessoais. Não é verdade. Desde que eu tenha tempo e contanto que gravar mensagens não seja minha prioridade, adoro falar com as pessoas com quem trabalho. Mas veja bem, isso é parte do problema. Uma vez que eu tenha começado uma conversa, ela fica tão interessante que acho difícil sair do telefone. Existem muitas ocasiões em que uma conversa pessoal é preferível e outras nas quais deixar um recado gravado é uma solução perfeita.

E certamente não estou sugerindo que a gravação de mensagens substitua quaisquer interações relativas a questões do coração.

Não lucro financeiramente ao gravar mensagens e sei que não é a solução perfeita em todas as situações. Contudo, deixar mensagens gravadas realmente poupa tempo e é uma excelente maneira de comunicar-se em determinadas ocasiões. Muitas pessoas já utilizam com sucesso esta prática e talvez para você seja uma estratégia meio desnecessária. Se for esse o caso, talvez possa compartilhar esse recurso com alguém que possa aproveitá-lo. Mas se você tem algum tipo de aversão a deixar recados, ou se é uma dessas pessoas que reclamam de "mensagens longas", sugiro que reconsidere sua posição. Utilizando um pouco mais a técnica de gravar mensagens para seus contatos profissionais, você pode poupar muito tempo e tornar-se mais eficiente em certos tipos de comunicação.

40

PARE DE QUERER ESTAR EM OUTRO LUGAR

Se você refletir sobre a tendência insidiosa de desejar estar em outro lugar, pode concordar que é uma coisa tola, até mesmo autodestrutiva. Antes que você pule e diga "espere um minuto, eu não faço isso", deixe-me explicar o que quero dizer.

Existem muitas maneiras de passar o tempo desejando estar em outro lugar. Estamos no trabalho e queremos estar em casa. Ou durante o meio da semana, podemos desejar estar na sexta-feira. Às vezes desejamos dar outro rumo às nossas carreiras. Gostaríamos de ter responsabilidades diferentes ou passar nosso tempo com pessoas diferentes. Desejamos que nosso chefe ou nossos empregados sejam diferentes. Gostaríamos que nosso ambiente de trabalho fosse diferente, ou que tivéssemos um tipo diferente de meio de locomoção. Gostaríamos que nosso mercado fosse diferente, ou que nossa concorrência respondesse de maneira diferente, ou que nossas circunstâncias mudassem. Esta lista poderia obviamente continuar. O problema é que esses desejos não são realidade, mas sim pensamentos sobre uma realidade diferente.

Se você não for cuidadoso, vai começar a gastar sua vida desejando coisas, sempre desejando estar em outro lugar que não onde está agora. Mas você não está em outro lugar. Você está aqui mesmo. Esta é a realidade. Uma das minhas citações favoritas é: "A vida é o que está acontecendo enquanto estamos ocupados fazendo outros planos." Uma versão ligeiramente diferente poderia ser: "A vida é o que acontece enquanto desejamos estar em outro lugar." Quando você está desejando estar em outro lugar, é quase como se estivesse a um passo da vida em vez de realmente estar nela, aberto para a vida exatamente como ela é.

De um ponto de vista prático, é muito difícil estar concentrado e ser eficiente quando sua mente está preocupada com onde ela preferiria estar. Na verdade, há uma contradição em termos. A sua concentração sofre porque há uma falta de envolvimento, uma falta de atenção no que é verdadeiramente significativo. Além disso, é virtualmente impossível se divertir e gostar do que está sendo feito quando você está mais concentrado em onde você preferiria estar. Pense nas coisas de que mais gosta. Em todos os casos, são comportamentos que o deixam completamente absorto no momento, realmente concentrado no que está fazendo. Na ausência do foco, a alegria da sua experiência é diminuída. Que diversão há em ler um bom romance se você está pensando em outra coisa?

Mas é aqui que este conceito fica um pouco complicado. Quando você não obtém prazer algum do seu trabalho, é fácil dizer "naturalmente prefiro estar em outro lugar. Não estou sentindo prazer". Mas pare um momento e olhe melhor para aquilo que contribui para a falta de prazer. A questão é o que vem primeiro — a falta de prazer, ou uma mente que está concentrada em outra coisa? Nem sempre, mas pelo menos parte do tempo, o tédio ou a falta de satisfação que sentimos é decorrente da nossa carreira, ou do modo como estamos gastando nosso tempo, mas sim da falta de concentração do nosso pensamento. O fato de você ficar pensando onde preferiria estar pode literalmente eliminar o prazer daquilo que está fazendo.

Acho que você terá uma surpresa agradável, ou até mesmo ficará chocado, se decidir desperdiçar menos tempo desejando estar em outro lugar e passar mais tempo concentrado no que está realmente fazendo. Você precisa recuperar seu entusiasmo pelo trabalho e, ao fazê-lo, começar a se divertir mais. Além disso, como você estará mais concentrado, também se tornará mais criativo e produtivo.

Obviamente, não estou sugerindo que não seja apropriado ou importante planejar o futuro ou sonhar. Nem estou dizendo que não deva fazer alterações quando desejar fazê-las. Isso é algo maravilhoso e muitas vezes adequado. Contudo, se você está mais imerso no que está fazendo em vez de no que gostaria de estar fazendo, tanto a natureza dos seus sonhos quanto o curso planejado para suas ações vão começar a mudar. Caso você tenha um sonho, o caminho para chegar lá vai tornar-se claro e óbvio. Em vez de distrair-se com seus pensamentos conflitantes e preocupados, vai ter uma mente limpa carregada com sabedoria. Boa sorte. Acho que vai perceber que está apreciando seu trabalho como nunca apreciou antes.

41
PERGUNTE A SI MESMO: "ESTOU APROVEITANDO ESTE MOMENTO AO MÁXIMO?"

Para mim, a pergunta mais importante que você pode fazer a si mesmo é: "Estou aproveitando este momento ao máximo?" Pense nisso. Se você aproveitar ao máximo este momento específico e depois fizer o mesmo com todos os momentos futuros, a vida terá uma maneira mágica de se resolver. Você será tão eficiente e produtivo quanto antes e, mais importante, dificilmente alguma coisa irá incomodá-lo.

Tantas vezes passamos nossos momentos desejando que eles fossem diferentes, reclamando, choramingando, nos lamentando ou sentindo pena de nós mesmos. Mas quando chegamos ao fundo da questão, concluímos que desperdiçar nossos momentos dessa maneira não é apenas uma perda de tempo, é absolutamente contraproducente! Todavia, usando este exercício você poderá notar uma mudança quase imediata.

Sempre que estiver sentindo-se sobrecarregado ou estressado no trabalho, pergunte a si mesmo: "O que estou fazendo aqui neste momento?" Você está pensando em alguma coisa estressante? Está se lembrando mais uma vez de como está incrivelmente ocupado? Está justificando na sua mente "o direito de estar irritado"? Está reforçando uma crença negativa? Ou está aproveitando o momento presente ao máximo? Sua atitude e seu pensamento estão voltados para uma direção positiva? Você está voltado para soluções?

Comecei a praticar esta estratégia vários anos atrás e descobri algo verdadeiramente notável. Parece que na maioria dos casos, quando estou me sentindo negativo, sobrecarregado ou pessimista, posso melhorar meu estado mental fazendo essa pergunta. Acho que não deveria ficar surpreso com o fato de que, quando estou me sentindo sobrecarregado, passo o meu momento presente pensando em todas as coisas que estão me sobrecarregando, em vez de passá-lo fazendo o melhor que posso ou concebendo um plano de ataque melhor.

Ao ler esta estratégia, você pode sentir que quando não está aproveitando ao máximo o momento, vai ser um alvo fácil para as tempestades em copo d'água! Vai pensar em todas as coisas que o incomodam e sobre tudo o que está errado com a sua vida. Felizmente, o contrário também é verdadeiro. Quando você aproveita este momento ao máximo, é improvável que faça tempestades em copo d'água porque vai estar concentrado nas soluções e no prazer em vez de nos problemas e preocupações.

42

PARE DE CORRER

Para muitas pessoas, basicamente só existem duas velocidades — rápido e mais rápido. Parece que na maior parte do tempo estamos correndo para cima e para baixo, nos movendo muito rápido, fazendo três ou quatro coisas ao mesmo tempo. Muitas vezes só estamos prestando atenção parcialmente no que estamos fazendo ou nas pessoas que trabalham conosco. Nossas mentes estão atulhadas e excessivamente ocupadas.

Talvez o motivo por que tantos de nós passem tanto tempo correndo é que temos medo de ficar para trás ou de perdermos a vantagem. Nossos competidores e todas as outras pessoas ao nosso redor parecem estar se movendo tão rápido que achamos que temos que fazer o mesmo.

É importante notar que neste estágio mental hiperfrenético, nossa concentração sofre. Desperdiçamos energia preciosa e tendemos a cometer erros. Quando estamos correndo, é difícil determinar o que realmente é mais importante, porque estamos tão preocupados em deixar tudo pronto. Como estamos nos movendo tão rápido, é fácil ficarmos estressados, nervosos e agitados. Como estamos tão tensos, as coisas nos irritam facilmente. Quando estamos correndo é realmente fácil fazer tempestades em copo d'água.

Como tentativa, veja se consegue fazer um esforço consciente para desacelerar — tanto nos seus pensamentos quanto nas suas ações. Se o fizer, acho que terá uma surpresa agradável ao descobrir que, apesar do ritmo mais lento, você vai ficar mais relaxado e muito mais eficiente. O motivo disso acontecer é que você recupera a compostura e passa a ser capaz de ver o quadro com mais amplidão. Seu nível de estresse vai cair dramaticamente e vai até parecer que você tem mais tempo. Seu pensamento e sua capacidade de escuta vão se tornar mais agudos e afinados. Você vai ser capaz de antecipar problemas em vez de se envolver em tantos deles.

Eu diria que agora opero na metade da minha velocidade de dez anos atrás. Contudo, realizo o dobro do trabalho! É realmente bastante notável o quanto você pode fazer quando está calmo e concentrado. E talvez ainda mais importante, você gosta muito mais do que está fazendo quando não está correndo. Reconheço totalmente a necessidade de ser produtivo, e percebo quanto trabalho há por fazer. Contudo, por mais irônico que possa parecer, muitas vezes você vai conseguir fazer mais em menos tempo, quando parar de correr tanto.

43

CONSCIENTIZE-SE DA SUA SABEDORIA

Não conheço ninguém que questione o valor do pensamento analítico quando ele promove sucesso no que quer que faça. Mas existe outro tipo de inteligência além do uso da sua mente analítica, que é igualmente importante — a sabedoria. A sabedoria não só proporciona ideias criativas e apropriadas, objetividade, senso comum e um excelente senso de direção, como também torna a vida mais fácil e menos estressante. Isto é verdade porque, ao contrário do uso da sua mente analítica, que pode ser trabalhoso e complicado, a sabedoria é derivada de um senso de confiança, da certeza de saber qual direção ou atitude você deve tomar, assim como de um senso de confiança interna ao tomar decisões, criar ideias ou resolver problemas.

Quando você usa a sua mente analítica, é como se estivesse se esforçando, seguindo ativamente seu pensamento. É algo que requer esforço. O pensamento analítico implica encher a cabeça de dados, classificações, contas, cálculos, comparações e conjecturas.

A sabedoria, por outro lado, implica tranquilidade e esvaziamento da mente. Quando você faz uso da sabedoria, é como se em vez de buscar ativamente seus pensamentos, permitisse que eles viessem até você. Quando a sabedoria está presente, é quase como se pensamentos sábios, inteligentes e apropriados aflorassem do nada. Usar a sabedoria torna sua vida infinitamente mais fácil.

Você já lutou para encontrar uma resposta? Você pensa e repensa, espreme o cérebro e analisa os dados. Considera repetidas vezes os mesmos dados, mas nada parece acontecer. Quando pensa desta maneira, muitas vezes sente-se inseguro, assustado e bastante estressado. Fica facilmente incomodado, porque está tentando resolver tudo com muito empenho. Você está se esforçando e se cansando rápido. Há uma parte da sua mente que não tem certeza se você vai encontrar a resposta. Esta é de fato uma ocasião em que tendemos a fazer tempestades em copo d'água.

Então, por algum motivo, você para de pensar — você aquieta sua mente — esquece o que estava ocupando seus pensamentos e, então, como mágica, uma resposta aparece. E não apenas uma resposta, mas uma resposta perfeita! Isto é a sabedoria em ação.

Você pode aprender a utilizar sua sabedoria simplesmente reconhecendo que, muitas vezes, ela representa um uso apropriado da mente. Você precisa começar a confiar em si mesmo o bastante para saber que quando precisa de uma resposta ou de uma ideia, acalmar sua mente — em vez de sobrecarregá-la de dados — pode fornecer a melhor resposta ou solução possível. Utilizar a sabedoria exige pouco mais do que acreditar que quando você acalma a mente, ela não é desligada. Exatamente como o bico de gás de um fogão que lentamente cozinha uma deliciosa sopa caseira, sua mente muitas vezes funciona melhor quando não está operando na velocidade máxima.

Carol trabalha como administradora de propriedades para um grande complexo de apartamentos no Texas. É seu trabalho implementar ideias criativas para manter os proprietários existentes felizes e atrair novos clientes para o local. Ela compartilhou comigo sua maneira peculiar de criar ideias. Nas suas palavras:

"Quase todos na administração de propriedades parecem pensar exatamente do mesmo modo — tedioso e previsível. Acho que é porque eles pensam dentro da caixa. Descobri que é melhor pensar fora da caixa — pensar de modo diferente. Se eu digo a mim mesma que quero uma ideia nova, por mais simples ou estranho que possa parecer, a melhor coisa a fazer é limpar minha mente, parar de me esforçar tanto e sair para fazer cooper. Então, como mágica, alguma ideia nova aparece na minha mente. Com o passar dos anos, tive centenas de ideias simples e criativas que distinguem minhas propriedades das outras. Coisas pequenas que fazem muita diferença: desde o jardim comunitário de verduras até a videoteca. Aprendi a confiar no pensamento passivo tanto ou mais do que no processo de pensamento analítico. É muito mais relaxante e eficiente."

Perguntei a Carol sobre a eficiência de suas ideias. Ela respondeu: "Tenho orgulho em declarar que não temos nenhuma vaga e uma lista de espera de um ano."

Na próxima vez que estiver lutando mentalmente, tente tranquilizar sua mente para ter acesso à sabedoria. Pode ficar surpreso com a rapidez e facilidade com que a resposta de que precisa chegará até você. Com a prática, você pode aprender a integrar a sabedoria à sua vida diária. Vai ser algo natural e sem esforço. A sua sabedoria é uma ferramenta poderosa. Aprenda a confiar nela e, sem dúvida, você será uma pessoa menos estressada e mais eficiente.

44
PERCEBA O PODER DA EMPATIA

A empatia é um assunto muitas vezes negligenciado, mas é crucial para o sucesso. A capacidade de estabelecer empatia contribui para um modo de existência mais descontraído; ela ajuda a estabelecer duradouros relacionamentos de confiança, baseados na honestidade e integridade mútuas. Ela ajuda você a se tornar um indivíduo melhor, um negociador melhor, e um homem de negócios mais esperto e mais sábio. A empatia colabora para que você faça aflorar o melhor que existe dentro de si, assim como nas outras pessoas, e impede que os outros ajam de maneira defensiva na sua presença. Além disso, os ingredientes necessários para estabelecer a empatia são idênticos àqueles que ajudam você a se transformar numa pessoa mais generosa, paciente e descontraída. Assim, você pode pensar no estabelecimento da empatia como uma forma de autoterapia, uma maneira de ajudá-lo a crescer — pessoal, profissional e espiritualmente.

Muitos de nós tendem a mergulhar muito rápido, empurrar com muita força, ou pedir o que queremos de alguém antes de estabelecermos a empatia necessária. Na maioria dos casos, esta tentativa excessivamente entusiástica ou ambiciosa de conseguir algo de alguém sairá pela culatra. É desagradável. Você terá agido prematuramente, e vai carecer da conexão vital necessária para otimizar suas metas.

Quando você não sente empatia por alguém, o problema pode ser difícil de descrever. Talvez lhe falte um vínculo ou o senso de confiança; por algum motivo, a coisa simplesmente não funciona. Sem a empatia, você pode parecer exigente, distante da realidade, condescendente ou arrogante. Às vezes não consegue definir o que está errado — mas sabe que algo está faltando.

Muitas pessoas realmente compreendem a necessidade da empatia quando conhecem alguém. Em outras palavras, é óbvio que para vender alguma coisa para alguém, ou para pedir algo a outra pessoa, é necessário que ela se sinta bem com você. Contudo, o resultado mais sutil da empatia aparece depois do primeiro encontro. É importante saber que a empatia não é necessariamente algo que você estabelece uma vez e que a partir daí dura para sempre. Bem ao contrário, é necessário fortalecer o contato com as pessoas continuamente, verificar se você está em sincronia com os outros.

A melhor maneira de estabelecer empatia com alguém é partir do princípio de que você não o fez ainda. Em outras palavras, não fique achando que simplesmente porque você conhece alguém ou porque já fez negócios com essa pessoa anteriormente a ligação está madura. Em vez disso, renove a conexão. Esteja mais interessado em prestar atenção do que em falar. Seja altamente respeitoso e cortês; demonstre sua sinceridade e preocupação genuínas; faça perguntas e seja paciente. A chave para a empatia é fazer com que a pessoa com quem você está (ou com quem está falando) sinta que ela é a pessoa mais importante em sua vida naquele momento. Você quer ser totalmente presente em relação a ela — tão genuíno que ela se sente especial. Você não pode fingir esse tipo de sinceridade; ela precisa ser real.

Dan achava que já tinha um "negócio fechado". Habilmente convencera seu novo cliente a comprar uma grande apólice de seguro de vida pelo telefone. Dan nunca se incomodara em bater papo com Walter, seu cliente, mas fizera seu dever de casa e conhecia bem seu produto. Não havia dúvida em sua mente de que o produto era de grande interesse para Walter. Ele sabia que estava subsegurado e decidira comprar a apólice. Ambos concordaram em se encontrar no almoço e assinar os papéis.

No momento em que se sentaram, Dan pegou o contrato e entregou a Walter uma caneta. Subitamente, algo parecia não estar muito certo. Walter ficou inquieto, hesitante e começou a ter dúvidas. Pouco depois, ele se levantou e anunciou a Dan que teria de "pensar mais um pouco" antes de tomar sua decisão final. Desnecessário dizer que Dan perdeu o negócio. Ele tinha minimizado o poder da empatia. Se tivesse se esforçado para conhecer Walter melhor, seu cliente teria ficado mais à vontade com ele e provavelmente não teria recuado.

Uma vez que a empatia genuína seja estabelecida, o restante da interação ocorre de maneira muito mais tranquila. Conheço pessoas que, quando as vejo, sempre se esforçam para restabelecer sua ligação comigo. Elas perguntam como estou e de fato esperam para ouvir minha resposta antes de irem embora ou de me pedirem para fazer algo por elas. Elas não parecem estar com pressa ou preocupadas com outras coisas. Em vez disso, estão ali comigo, me tratando como se eu realmente fosse importante. Estas são as pessoas com que desejo fazer negócios; são as pessoas que quero ao meu redor.

Se você investir tempo e energia para estabelecer uma ligação com os outros, sua vida vai começar a mudar imediatamente. Você terá uma relação melhor com as pessoas, o que criará interações mais positivas — pessoal e profissionalmente. As pessoas vão confiar em você, amá-lo e admirá-lo, e você vai se tornar muito mais eficiente ao lidar com os outros.

45
RECUPERE-SE RÁPIDO

Não há dúvida; sempre haverá ocasiões em que você cometerá erros, às vezes grandes. Haverá ocasiões em que você reagirá exageradamente, ofenderá alguém, deixará de perceber o óbvio, se meterá onde não é chamado, escorregará, dirá algo que não deveria ter dito (dá com a língua nos dentes), e assim por diante. Ainda estou por conhecer uma pessoa que esteja isenta desses fatos tão humanos da vida. Assim, talvez a pergunta mais importante não seja se você já deu uma mancada, mas sim quão rapidamente você consegue se corrigir quando o faz.

Podemos transformar um revés ou erro relativamente pequeno num problema muito maior ao analisar com exagero nossas ações (ou as de outra pessoa) ou sendo muito rígidos conosco. Ou podemos dizer algo errado e ignorarmos o fato, ou defendermos nossas ações e nos recusarmos a nos desculpar.

Lembro-me de um incidente que ocorreu alguns anos atrás quando assumi o crédito por algo que, em retrospecto, pude ver que realmente não me pertencia. Independentemente do motivo, eu estava agindo de maneira mais defensiva e teimosa do que de costume. Como resultado, a pessoa que se sentiu menosprezada por mim ficou zangada e magoada. Outras pessoas se envolveram, e um bocado de energia foi desperdiçada. Quando contei a história para um amigo meu, ele disse: "Richard, me parece que você estava realmente roubando a glória dela." Ele me explicou seu raciocínio, que realmente fazia bastante sentido. Senti-me embaraçado e um pouco estúpido. Mais tarde, liguei para a pessoa para oferecer minhas sinceras desculpas que, para meu alívio, foram aceitas com gratidão. Afinal de contas, tudo o que ela realmente queria era um simples reconhecimento das suas ações e um pedido de desculpas da minha parte. Se eu tivesse feito isso antes e me corrigido mais rápido, muita frustração e energia perdida teriam sido evitadas.

Aquele incidente, e outros como ele, me ajudaram a aprender a corrigir meus erros com muito mais rapidez. Ainda existem ocasiões em que reajo de maneira exagerada, de forma extremamente defensiva, deixo de expressar minha avaliação, digo alguma coisa de que me arrependo, e cometo muitos outros erros cotidianos. A diferença, contudo, parece ser que, na maioria das vezes, sou capaz de ver meus erros, admiti-los, e seguir adiante — recupero-me rápido. O resultado parece ser que, quando alguém com quem estou trabalhando oferece uma sugestão, ou algum tipo de crítica construtiva, em vez de ficar na defensiva ou lutar para mostrar como estou certo e eles errados, tento manter a mente aberta e continuar receptivo ao crescimento. E sabe de uma coisa? Na maioria dos casos, a pessoa que faz a sugestão tem pelo menos uma pitada de razão ou alguma sabedoria em sua posição. O truque parece ser estar disposto a perdoar a si mesmo — e aos outros — por serem humanos e por cometerem erros. Uma vez que você reconheça a verdade do antigo ditado — "errar é humano, perdoar é divino" —, você cria o clima emocional para recuperar-se de praticamente qualquer erro e seguir adiante.

Estou descobrindo que ao recuperar-me mais rápido aprendo com os outros e com meus erros e, como resultado, minha vida profissional acaba se tornando substancialmente menos estressante. Se refletir sobre esta estratégia, aposto que o mesmo poderá ser verdadeiro para você.

46

ESTIMULE ATIVIDADES PARA ALIVIAR O ESTRESSE NA EMPRESA

◇◇◇◇◇◇◇◇◇◇◇◇◇

Há vários anos falava com um cavalheiro que estava realmente irritado porque a empresa para a qual trabalhava não fazia nada para aliviar o estresse no escritório. Ele achava que os executivos da empresa eram "uma gente egoísta e insensível que não dava a mínima para seus empregados sobrecarregados".

Perguntei ao homem: "Se você estivesse numa posição de chefia, que mudanças faria?" Ele obviamente já tinha pensado sobre o assunto, porque rapidamente respondeu: "Se dependesse de mim, permitiria que os funcionários se vestissem informalmente e tivessem jornadas de trabalho mais curtas às sextas-feiras. Abriria uma academia de ginástica na empresa, implantaria uma creche, e massagens regulares para todos."

"Uau", repliquei, "isso seria ótimo. O que disseram quando você propôs estas mudanças?" Houve um longo silêncio antes que ele finalmente admitisse que nunca chegara a mencionar essas ideias!

Esta pessoa, como provavelmente milhões de outras, deduzia que seus empregadores *sabiam* que deveriam fazer essas coisas. Também deduziu o pior sobre as pessoas que lideravam o show: que elas eram monstros e que não se importavam com a saúde e o bem-estar dos empregados. Ela estava errada.

Fiquei tocado com um recado que recebi, do mesmo homem, cerca de seis meses depois. Ele dizia que, depois de ter feito a solicitação, ficou surpreso com uma resposta positiva. Várias pessoas, incluindo seu chefe, disseram a ele: "Por que não pensei nisso antes?" e "Grande ideia". Informou que nem todas, mas algumas de suas ideias haviam sido realmente implementadas, e que várias ideias de outras pessoas estavam sendo seriamente consideradas e analisadas.

Certamente nem sempre é verdade, mas com alguma frequência os empregadores realmente se preocupam com as pessoas em sua organização. Muitas vezes o fato de nada ocorrer para reduzir o estresse acontece pois ninguém sugere mudanças. Sempre há muitas reclamações e desejos de que as coisas sejam diferentes, mas raramente alguém está disposto a pôr as ideias na mesa de uma maneira lógica e bem pensada.

Mesmo que você não convença seu empregador a realizar mudanças, ouvir o outro lado da história colabora para a redução do estresse. As alterações que gostaria de ver podem ser impossíveis, mas você pode descobrir que existem pessoas em sua empresa — algumas exatamente como você — que se importam com seu nível de estresse e gostariam muito de fazer algo sobre isso. Saber que isto acontece pode ser muito recompensador e permite que você se sinta melhor em relação à empresa para a qual trabalha. E nos raros casos em que parece que ninguém realmente se importa, bem, pelo menos você sabe que fez todo o possível para realizar uma mudança.

Tenho uma amiga que trabalha para uma megaempresa em Nova York. Ela perguntou se poderia trabalhar quatro dias por semana em casa e continuar a ir ao escritório às quartas-feiras, de modo que pudesse se mudar da cidade e passar mais tempo com o filho. A empresa concordou. Ela considera a empresa onde trabalha maravilhosa e faz um trabalho absolutamente excelente para eles. Todos ganharam.

Outras empresas, depois de serem solicitadas, implementaram sextas-feiras casuais, salas de exercícios na empresa, e outras vantagens projetadas para tornar a vida dos empregados no escritório um pouco menos estressante. Uma empresa com a qual eu estava familiarizado anos atrás tinha inúmeras casas de veraneio e permitia que os funcionários as usassem de graça. A mesma empresa tinha máquinas de refrigerantes gratuitas, e recebia interessantes convidados que davam palestras para os funcionários. E muitas outras coisas.

Nem todas as empresas têm a mente aberta, e você certamente não gostaria de sentir-se derrotado no caso de não conseguir, mas quase sempre vale a pena o esforço de propor mudanças que tornariam os funcionários menos estressados. Se pessoas o bastante quiserem as mudanças e estas forem levadas ao conhecimento da administração e dos responsáveis pelas decisões, quem sabe o que poderá acontecer?

Tenha em mente que funcionários felizes que não estão estressados demais costumam ser mais produtivos, menos agressivos e mais leais. Eles também têm menos probabilidade de pedir demissão ou de sentirem raiva do empregador do que aqueles que se sentem estressados e não valorizados. Às vezes, se você puder recordar seu empregador gentilmente desses fatos, pode realmente obter uma diferença. Espero que isso aconteça com você.

47

PERCA SEU MEDO DE FALAR DIANTE DE GRUPOS

Eu costumava ficar absolutamente petrificado antes de falar diante de qualquer tipo de grupo. Na verdade, eu tinha tanto medo que cheguei a desmaiar (duas vezes) no segundo grau, ao tentar fazê-lo.

Mas não estou sozinho. Já ouvi dizer que falar em público é o medo número um nos Estados Unidos. Parece que falar diante de grupos é ainda mais assustador para as pessoas do que viagens aéreas, falência e até mesmo a morte!

Só por diversão, mandei essa estratégia para um amigo que respeito para ver se ele compreendia ou não por que a estava incluindo num livro sobre como tornar-se menos estressado no trabalho. A sua resposta específica foi: "Eu sei que falar em público é um grande medo, mas como é que ter menos medo de fazê-lo vai ajudá-lo a fazer menos tempestade em copo d'água no trabalho?"

É uma pergunta correta, para a qual, no entanto, eu tenho a resposta.

Um medo tão grande quanto este não existe isoladamente. Em outras palavras, ele não aparece somente nas ocasiões em que você é chamado a falar diante de um grupo. Em vez disso, o estresse associado a falar diante dos outros paira sobre você, talvez de maneira muito sutil, caso haja qualquer ocasião em que seja necessário falar diante de pessoas. Ao fazer uma apresentação, uma argumentação de vendas, o resultado de um relatório ou estudo, uma palestra ou simplesmente compartilhar uma ideia com os outros, o fator de estresse é o mesmo — enorme — se você está assustado.

Outro fator a considerar é o seguinte: se você está com medo de falar em público, mesmo que só um pouco, acaba ficando impedido de fazer coisas que seriam altamente benéficas à sua carreira, favorecer-lhe uma promoção ou mais responsabilidade ou algum tipo de progresso. Antes de dominar o medo de falar, lembro-me de ter tomado muitas decisões baseado na probabilidade de ter de falar ou não. Superar este medo me ajudou a relaxar em relação ao meu trabalho para que eu pudesse me concentrar em outras coisas. Isso tornou minha vida profissional mais fácil e muito menos estressante. Não há dúvida de que vencer este medo também me ajudou a ter mais sucesso como autor. Se eu não tivesse feito isso, duvido muito que tivesse escrito livros, porque escrevê-los exige que os promovamos, muitas vezes diante de grandes grupos de pessoas.

Caso você tenha algum medo, aconselho que pense cuidadosamente nesta sugestão. Uma vez vencendo o medo que experimenta, ficará muito menos estressado e mais tranquilo na sua vida profissional. Isso vai ajudá-lo a ser mais criativo e voltado para soluções, porque a perturbação com o medo terá terminado para sempre. Como vai estar menos tenso, fará menos tempestade em copo d'água.

A maneira de vencer este medo é se colocar em situações em que precise falar diante de um público. Você pode começar numa escala bem pequena — mesmo diante de uma ou duas pessoas pode ser um excelente início. Você pode fazer cursos, achar treinadores para ajudá-lo, ler livros e escutar aulas sobre o assunto.

Existe uma variedade de métodos e estratégias que pode usar. No final, contudo, terá de dar o primeiro passo e ficar diante das pessoas. Se o fizer, acho que descobrirá, como eu descobri, que se vencer este medo comum, será amplamente recompensado em termos da qualidade do seu trabalho e até mesmo da sua vida.

48

EVITE COMENTÁRIOS QUE PROVAVELMENTE LEVARÃO A FOFOCAS OU A CONVERSA DESNECESSÁRIA

◇◇◇◇◇◇◇◇◇◇◇◇◇

Esta é uma estratégia realmente esclarecedora que me ajudou um bocado na vida. É comprovadamente uma grande economia de tempo, e me ajudou a ver a frequência com que inocentemente contribuo para o próprio estresse.

Se você é como a maioria das pessoas, ocasionalmente faz comentários inocentes e razoavelmente benignos com outros sobre uma variedade de assuntos. Você diz coisas como: "Ouviu o que aconteceu com John?", "Ouviu falar sobre tal e tal coisa?" ou "Você sabia disso?". Às vezes você inicia a conversa. Em outras ocasiões, você continua uma conversa sem perceber. Você aumenta os comentários de alguém, conta uma história ou exemplo, entra em muitos detalhes, ou faz perguntas demais. Então, se é como eu, vai se perguntar por que passa tanto tempo ao telefone e por que não consegue trabalhar o bastante.

De um modo bem genérico, isso pode não parecer um problema tão grande se você não pensar quanto tempo e energia gasta em conversas que podem não ser totalmente relevantes, ou que podem não estar acontecendo no momento ideal. Pense a respeito da frequência com que você fica estressado por falta de tempo ou energia. Quantas vezes você repassa seu dia e deseja ter tido só mais trinta minutos para fazer algo ou simplesmente para se atualizar? Ou você pensa sobre quantas vezes corre para completar algo.

Se analisar como realmente gasta seu tempo, pode chegar à mesma conclusão que eu: existem ocasiões demais em que estou envolvido em conversas sem importância, pessoalmente ou ao telefone, quando honestamente não tenho tempo ou energia para fazê-lo. Como você poderia suspeitar, essa tendência pode contribuir para sentimentos gerais de estresse no trabalho. Este hábito pode fazer com que seu tempo torne-se desnecessariamente escasso, ou forçá-lo a uma pressa constante. A menos que esteja consciente dessa tendência, é fácil culpar o mundo e as pessoas com que fala durante o dia por sentir-se sobrecarregado, quando, na verdade, você pode ter tido um papel significativo no problema.

Obviamente existem muitas ocasiões em que você quer conversar com amigos ou colegas, e isso é perfeitamente normal e saudável. O truque é estar consciente de quando você está conversando por hábito em vez de por escolha. A menor alteração na sua consciência em relação a essa tendência pode render dividendos tremendos na qualidade do seu trabalho.

Costumava pensar em todo o tempo que gastava conversando a respeito de outras pessoas e discutindo coisas banais que fugiam totalmente ao meu controle. O que aprendi é que isso é só parcialmente verdadeiro. A verdade é que só uma parte disso está além do meu controle. O resto, descobri, eu crio para mim mesmo com meus comentários e perguntas inocentes. Aprendi que é possível encurtar minhas conversas mesmo permanecendo polido e respeitoso. Também aprendi a evitar certos tipos de perguntas que sei que provavelmente levarão a conversas longas ou desnecessárias a menos que eu realmente queira falar *e* tenha tempo. Os resultados foram espetaculares. Mesmo quando estou mais ocupado do que antes, parece que tenho mais tempo. E mais, quando uso meu tempo para conversar com os outros, faço isso sabendo que é um bom momento para falar.

Esta é uma estratégia muito poderosa, porque mesmo que você só acrescente uma hora a cada semana da sua vida profissional mordendo a língua, é uma hora extra de tempo muito necessário que você não tinha antes. Essa hora extra às vezes pode fazer a diferença entre uma semana estressante e uma semana pacífica. Não estou sugerindo que você se torne antissocial ou grosseiro, só que seja cuidadoso com o que ou como você fala — quando o que você diz pode levar a conversas mais longas e talvez indesejadas. Vai ficar impressionado com o poder desta estratégia.

49
ENXERGUE ALÉM DOS PAPÉIS

É quase inevitável que você tenha (pelo menos ocasionalmente) a tendência de ver as pessoas em relação aos papéis que representam em vez de se lembrar do indivíduo por trás do papel. Em outras palavras, é tentador esquecer que um negociante (ou qualquer um que execute uma tarefa ou trabalho) — seja lá quem for — não é realmente um negociante, mas um ser humano único e especial que está fazendo um negócio (ou executando uma tarefa) em alguma medida. Um padeiro tem vida própria, as próprias histórias e dramas com que precisa lidar. A aeromoça está cansada e não pode esperar para chegar em casa. O frentista que coloca gasolina no seu carro tem uma família, inseguranças e problemas próprios. A executiva provavelmente discute com o marido e tem vários problemas desconhecidos do restante de nós. Sua secretária ama seus amigos e filhos tanto quanto você, e sente as mesmas frustrações que todo mundo. Seja a sua equipe, seja o seu chefe, é tudo igual. Estamos todos juntos nisso.

Este problema de ver os outros como papéis é reforçado de muitas maneiras. Quantas vezes a nossa primeira pergunta é "o que você faz?". Ou quantas vezes descrevemos alguém como "um contador", ou "um advogado", como se seu papel significasse quem aquela pessoa realmente é? Parte disso é provavelmente inevitável, mas é possível, se quisermos, começar a mudar a maneira como vemos e rotulamos os outros e, ao fazê-lo, tornarmos nossa vida muito mais agradável.

Recentemente ouvi uma história sobre o chefe de uma mulher que estava tão preso aos papéis que chegava a colocar seus lápis na caixa de saída para que sua secretária os apontasse! Ele teria levado apenas alguns segundos para fazê-lo, mas em sua mente esse era o papel dela, e "por Deus, ela ia fazê-lo". Ele não percebia, ou simplesmente não se importava com os sentimentos dela.

Quando você vê as pessoas primeiramente como seres humanos — seus papéis em segundo lugar —, as pessoas com que está em contato percebem a profundidade em sua atitude. Em outras palavras, elas veem você sob uma luz diferente também; muitas vezes passam a tratá-lo melhor, a ouvi-lo, e a prestar-lhe favores que outros não recebem. Quando você consegue ver além dos papéis que as pessoas executam, também se abre para relacionamentos mais ricos, fortalecedores e genuínos. Você passa a conhecer as pessoas, não só aquelas que estão perto de você como aquelas com quem simplesmente entra em contato. As pessoas vão gostar e confiar em você, e, com frequência, não medirão esforços para ajudá-lo. Repetidas vezes, pessoas em lojas, aeroportos e táxis me foram superúteis simplesmente porque as tratei primeiramente como seres humanos.

Na minha opinião, se o homem no exemplo mencionado houvesse tratado sua secretária mais como uma pessoa e menos como um papel, ela provavelmente teria apontado seus lápis insignificantes de qualquer jeito. Contudo, o modo como ele agiu fez com que ela se sentisse insignificante, um lixo, e acabasse se demitindo. Foi uma pena, porque ela fora uma excelente secretária. Um pequeno consolo foi que o chefe mais tarde percebeu como a havia maltratado. Espero que ele tenha aprendido sua lição.

Um dos lugares onde faço compras tem algumas das pessoas mais afetuosas e amigáveis que já conheci. Contudo, até hoje, muitas vezes observo outros clientes tratando-os como se fossem objetos — não realmente de forma mesquinha ou desrespeitosa, mas como se eles não estivessem ali, como se não houvesse uma pessoa por trás do balcão que sorri e gosta dos seus filhos e das horas de folga como todo mundo. Como se ele ou ela fosse um balconista e *somente* um balconista, colocado na Terra para servi--los e receber seu dinheiro. Observo pessoas se movendo na fila, que nunca olham para cima, nunca sorriem, nem dizem olá. Você provavelmente já viu a mesma dinâmica em seu comércio local, assim como em restaurantes, aeroportos, táxis, ônibus, hotéis e todo o tipo de lugar que possa imaginar.

Esta estratégia é simples e fácil de praticar. Você não precisa tornar-se o melhor amigo nem mesmo socializar-se com todos que encontra ou com quem trabalha. Não é isso. Você não precisa esquecer que papéis são uma parte da vida. Se alguém trabalha para você, obviamente é apropriado que o trate de uma determinada maneira.

A minha sugestão é, simplesmente, que você se lembre de que cada pessoa é especial, e isso é muito mais do que costumam fazer. Cada pessoa que você conhece tem sentimentos — tristeza, alegria, medos e todo o resto. Saber e lembrar-se disso pode transformar sua vida de maneira simples, mas poderosa. Você pode iluminar os dias de outras pessoas simplesmente sorrindo e olhando para elas; pode contribuir para tornar o mundo um local mais agradável e amigável para os outros e para si mesmo.

50
EVITE A TENDÊNCIA DE COLOCAR PREÇO EM COISAS PESSOAIS

Um dos hábitos estressantes que muitos de nós adquirem no trabalho é a tendência de colocar um preço em coisas demais. Em outras palavras, calculamos nas nossas mentes o custo do que estamos fazendo ou possuindo — quando poderíamos estar fazendo ou possuindo alguma outra coisa. Obviamente, existem ocasiões em que isto é muito útil, como ao passarmos tempo assistindo à televisão ou organizando nossa mesa quando poderíamos estar gastando o mesmo tempo trabalhando num relatório que deveria ser entregue amanhã de manhã. Neste caso, pode ser útil lembrar-se de que, com efeito, aquele programa de televisão está tendo um custo enorme — talvez até mesmo o seu emprego.

Lembro-me de quando eu e Kris compramos um quinto de um barco a vela. O único problema foi que durante os dois anos seguintes só pisamos naquele barco uma vez — e mesmo assim foi para um piquenique com nossos melhores amigos e não para velejar. Neste caso, foi útil para Kris e para mim percebermos que nosso piquenique tinha, com efeito, nos custado mais de dois mil dólares! Pelo menos nos divertimos um bocado no piquenique.

Todavia, em outras ocasiões, é importante não colocarmos uma etiqueta de preço no que estamos fazendo. Conheço muita gente que, por exemplo, raramente tira uns dias de folga para relaxar ou se divertir porque "o custo é muito alto". Elas cometem o erro de calcular o que poderiam estar ganhando durante os dias, ou mesmo as horas, em que estão longe. Mesmo nas raras ocasiões em que se afastam, elas acham difícil relaxar porque estão muito preocupadas com o que poderiam estar fazendo, ou com o que estão perdendo. Vão dizer coisas como "se eu estivesse visitando clientes (ou ganhando) numa taxa de cinquenta dólares por hora, poderia estar ganhando quatrocentos dólares hoje. Eu não deveria estar aqui". E embora estejam tecnicamente corretas na sua aritmética, estão efetivamente eliminando qualquer possibilidade de uma vida farta e calma, porque para alcançar uma vida menos estressada, você precisa priorizar suas necessidades de recreação, diversão, tranquilidade e convívio familiar pelo menos parte do tempo. Assim, mesmo que a sua capacidade de ganho seja inferior ao exemplo mencionado, ainda precisa existir algum nível de despesas fora do orçamento que você se permite ter.

Uma das minhas lembranças mais ternas foi o dia em que meu pai me ajudou a me mudar de um apartamento para outro. Foi durante a semana, e meu pai simplesmente tirou um dia de folga. Ao fazer uma retrospectiva, foi o período em que meu pai estava mais ocupado do que nunca. Ele trabalhava numa empresa gigantesca e lidava com algumas questões muito complexas. O seu tempo era extremamente solicitado e valioso. Lembro-me de achar que ele estava sendo financeiramente sofisticado quando lhe disse: "Pai, esta provavelmente foi a mudança mais cara que você já fez", me referindo ao fato de que ele poderia facilmente ter contratado algumas pessoas para me ajudar por uma fração do preço real de estar ali comigo. Fazê-lo teria sido muito menos estressante, muito mais barato e muito mais fácil para a sua coluna. Sem nem mesmo pensar sobre o assunto, ele olhou para mim e disse: "Rich, você não pode colocar uma etiqueta de preço no tempo que gasta com seu filho. Não há nada no mundo que eu gostaria de estar fazendo mais do que passar o tempo com você." Essas palavras ficaram comigo por quase vinte anos, e permanecerão comigo pelo resto de minha vida. Provavelmente não preciso dizer que o comentário do meu pai significou mais para mim do que os milhares de horas que ele passou em seu escritório "pela sua família". Isso fez com que eu me sentisse especial, importante e valorizado. Também me lembrou de que a sua vida era mais do que "outro dia estressante no escritório".

Se você quer reduzir o estresse na sua vida e ser uma pessoa mais feliz, descobri que pode ser útil olhar para certas questões sem lhes colocar um preço — passar tempo sozinho, com alguém que você ama, ou com seus filhos. Quando você está fazendo coisas que o fortalecem, ou passando tempo com pessoas que ama, a sua tensão é reduzida em todos os aspectos da sua vida, incluindo o trabalho. Quando você sabe que algumas coisas — não importa o quê — simplesmente não estão à venda, por nenhum preço, isso o recorda de que sua vida é preciosa e que, além disso, pertence a você.

Vá em frente e permita-se fazer algumas coisas só para si. Reserve algum tempo para si mesmo — dê uma caminhada, visite a natureza, leia mais livros, aprenda a meditar, escute música, vá acampar, passe mais tempo com seus entes queridos ou sozinho — mas faça alguma coisa. E quando o fizer, não desperdice tempo pensando em como você poderia ter sido mais produtivo. O meu palpite é que se você aprender a valorizar sua vida pessoal e suas verdadeiras prioridades, vai descobrir que a vida parece muito mais fácil do que antes. Vai ficar surpreso com o número de boas ideias que lhe surgirão na mente quando permitir a si mesmo alguma diversão — sem calcular o custo.

51

QUANDO PEDIR ALGUM CONSELHO, PENSE EM SEGUI-LO

Uma das dinâmicas interpessoais mais interessantes que já pude observar é a tendência que muitas pessoas têm de dividir algo que as incomoda, mas ignorar completamente o conselho que recebem como resposta. O motivo por que considero isso tão interessante é que, como já prestei atenção em muitas conversas com o passar dos anos, repetidas vezes fiquei impressionado com a quantidade de conselhos criativos que ouvi. Com frequência, parecia que o conselho resolveria o problema de maneira fácil e rápida. Na verdade, em várias ocasiões ouvi ideias dedicadas a outras pessoas que as ignoraram completamente — e eu as usei para melhorar a minha vida!

Obviamente, existem ocasiões em que partilhamos uma preocupação simplesmente porque queremos desabafar ou porque desejamos que alguém nos escute. Mas existem outros momentos em que estamos genuinamente confusos sobre o que fazer e ativamente procuramos conselhos, como quando dizemos "gostaria de saber o que fazer" ou "você tem alguma ideia?". Contudo, quando um amigo, cônjuge, colega ou outra pessoa oferece uma sugestão, nossa resposta imediata é ignorá-la ou de algum modo refutá-la.

Não sei exatamente por que tantos de nós tendemos a ignorar o conselho que recebemos. Talvez fiquemos constrangidos por precisarmos de ajuda ou por escutarmos coisas que não queremos ouvir. Talvez sejamos orgulhosos demais para admitir que um amigo ou integrante da família sabe algo que não sabemos. Talvez o conselho exija esforço ou uma mudança no estilo de vida. Provavelmente existem muitos outros fatores.

Sou o primeiro a admitir que faço muitas coisas da maneira errada. Mas uma das qualidades de que mais me orgulho — e que certamente me ajudou um bocado na minha vida pessoal e profissional — é a minha habilidade de realmente escutar um conselho e, em muitos casos, de segui-lo. Estou absolutamente disposto a admitir que não tenho todas as respostas de que preciso para tornar minha vida tão eficiente e pacífica quanto possível. Geralmente, contudo, alguém pode oferecer uma sugestão capaz de me ajudar. Não só muitas vezes me beneficio dos conselhos que recebo, como a pessoa que os oferece fica animada por eu estar realmente disposto a escutar, e até mesmo a *seguir* o conselho. Algumas pessoas já me sugeriram que eu falava demais — e estavam certas. Já me disseram que eu devia aprender a escutar mais — e eu o fiz. Outras me sugeriram fazer um determinado curso ou tentar uma certa dieta, e eu o fiz. E realmente ajudou. Repetidas vezes, pedi a pessoas que partilhassem comigo quaisquer pontos cegos que vissem na minha atitude ou comportamento. Enquanto permaneci receptivo e não defensivo, pude sempre aprender alguma coisa. E às vezes uma única sugestão pode fazer um mundo de diferença.

O truque é estar disposto a admitir que outras pessoas podem ver coisas a nosso respeito (ou nossas circunstâncias) das quais estamos perto demais ou pessoalmente muito envolvidos para que possamos ver. Assim, embora você provavelmente não queira aceitar todos os conselhos que escuta, pode tentar ficar um pouco mais aberto a alguns deles. Na minha opinião, se você o fizer, a sua vida vai se tornar muito mais fácil.

52

TIRE VANTAGEM DO SEU TRAJETO
ATÉ O TRABALHO

◇◇◇◇◇◇◇◇◇◇◇◇◇

Eu conversava com um executivo de uma empresa razoavelmente grande que reclamava do seu "desagradável caminho até o trabalho". Ele levava cerca de uma hora e meia na ida e o mesmo na volta. "Uau", disse eu, "isso é muito chato, mas pelo menos você pode ler alguns bons livros." A sua resposta me chocou. Ele disse num tom muito sério: "Do que está falando? Eu não tenho tempo de ler." Primeiro pensei que ele estivesse brincando; depois percebi que não estava. Então disse: "Quer dizer que você não escuta livros enquanto está no carro?" Ele sacudiu a cabeça negativamente. "O que você faz nessas três horas todo dia?" A sua resposta foi um pouco incerta; ele não parecia realmente saber como seu tempo de viagem era gasto. Acho que passava essas três horas por dia com raiva do tráfego e sentindo pena de si mesmo. Talvez passasse algum tempo escutando as notícias e talvez telefonando em seu celular, mas, na maior parte do tempo, simplesmente ficava ali sentado, querendo que as coisas fossem diferentes. Tenha em mente que esse é um homem de negócios altamente educado e bem-sucedido. Fico imaginando o que ele pensaria se soubesse que algum dos seus funcionários desperdiçava três horas por dia sem saber o que estava fazendo.

Supondo que ele trabalhasse cinquenta semanas por ano, passaria setecentas e cinquenta horas dirigindo para o trabalho e voltando. Esta é uma impressionante quantidade de tempo para ser desperdiçada por qualquer pessoa, especialmente quando existem excelentes alternativas.

Nem todos, mas muitos grandes livros agora estão disponíveis em áudio. Se sua viagem para o trabalho for longa o bastante, vai poder escutar o livro todo enquanto vai e volta. É possível observar como o tempo durante o qual dirige para o trabalho é incrivelmente valioso, caso consiga vê-lo deste modo. Adoro audiolivros. Com dois filhos pequenos, uma agenda de trabalho frenética, muitas viagens e vários interesses externos, eu não tenho nem metade do tempo que gostaria de ter para leitura. Mas as fitas cassete resolveram esse problema. A minha rota diária não é muito longa, mas realmente aproveito o tempo que levo dirigindo, assim como os engarrafamentos ocasionais que enfrento. Vivendo na área da Baía de San Francisco, fico preso em vários deles! Durante esses períodos, escuto uma grande variedade de livros excelentes — romances, autoajuda e todo o resto.

Se você é um dos milhões de pessoas que precisam viajar até o trabalho ou que ficam regularmente presas no tráfego, comemore! Agora você conhece uma maneira de tirar vantagem dessa rota. (E se você pega um ônibus ou um trem, pode querer escutar ou ler um livro.) Você pode até mesmo querer iniciar um "clube de audiolivros" com alguns amigos. Quatro ou cinco de vocês podem escutá-los no tempo combinado. Experimente. Ao chegar em casa, do trabalho, em vez de reclamar da sua rota, você será capaz de discutir o último livro que escutou.

53

DESISTA DAS BATALHAS QUE VOCÊ NÃO TEM COMO VENCER

◇◇◇◇◇◇◇◇◇◇◇◇◇

Um dos principais fatores de contribuição para o estresse autogerado é a tendência que a maioria de nós possui de se apegar a batalhas que praticamente não tem chance de vencer. Seja cual for o motivo, mantemos vivas discussões e conflitos desnecessários, insistimos em ter razão, ou tentamos fazer com que alguém mude quando praticamente não há possibilidade de conseguirmos. Batemos contra paredes de pedra, mas em vez de recuarmos e tomarmos o caminho de menor resistência, continuamos lutando.

Suponhamos que você esteja dirigindo para o trabalho quando algum motorista agressivo começa a grudar na sua traseira. Você fica irritado e incomodado; passa a concentrar sua atenção no espelho. Se ficar zangado o bastante, pode chegar até mesmo a diminuir a velocidade ou pisar no freio só para retaliar. Você fica pensando como o mundo ficou horrível e como a agressividade nas estradas tornou-se um lamentável fato da vida moderna.

Mesmo que sua avaliação sobre este motorista possa estar correta, esta é claramente uma batalha que você não pode vencer. Ao participar dela, o melhor que pode acontecer é você ficar frustrado. Na pior das hipóteses, você pode inclusive contribuir para causar um acidente. Não vale a pena e, de qualquer modo, você perde. Ao reconhecer que esta é uma batalha que não vale a pena, você pode calmamente passar para outra pista e permitir que o motorista siga e tenha seu acidente em outro lugar. Ponto final, acabou o assunto. Deixe isso de lado e prossiga com seu dia.

Um auditor independente arrogante e chauvinista discutia com duas inteligentes colegas. Elas questionavam a conclusão a que ele chegara sobre uma questão tributária complexa, e ele não estava interessado em ouvir. Elas forneceram provas que pareciam ser conclusivas sobre o acerto da sua posição, incluindo documentação de apoio e precedentes. Apesar da falta de evidências para sustentar seu ponto de vista, ele as ignorou e não levou em conta seus dados. Oficialmente, era ele que estava na posição de tomar as decisões, e, portanto, na sua opinião, o caso estava encerrado.

O fato era que, naquele caso, a reputação *dele* estava oficialmente correndo risco, e não a delas. Elas estavam tentando fazer-lhe um favor e poupá-lo do embaraço de um erro e da dificuldade de corrigi-lo posteriormente. Além disso, o erro dele não era intencional, nem significativo. Na verdade, elas tinham feito tudo o que podiam. Estava claro que era uma batalha que não venceriam — não havia nada que pudessem fazer para que ele mudasse de ideia. Podiam passar toda a semana seguinte reclamando uma com a outra e sentindo-se frustradas — ou podiam deixar passar e continuar se concentrando na própria integridade e trabalho excelente.

Felizmente, as mulheres tinham aprendido a não fazer muito drama sobre coisas relativamente pequenas. Poderíamos dizer que elas tinham aprendido a não fazer tempestade em copo d'água — de que aquilo claramente foi um exemplo. Mantenha em mente que, se os riscos fossem maiores, ou se a questão envolvesse integridade ou uma quantidade significativa de dinheiro, elas poderiam ter decidido levar seus esforços a um outro nível. Mas, naquele caso, claramente não valia a pena o incômodo. A decisão delas não tinha nada a ver com apatia; as duas mulheres eram verdadeiras profissionais. Era simplesmente uma questão de ter sensatez para saber como escolher suas batalhas cuidadosamente.

Obviamente, se algo legítimo ou terrivelmente importante está em risco, você pode querer provar sua posição e o esforço vai valer a pena. Contudo, na maioria das vezes, não é daí que deriva a nossa frustração cotidiana. Na verdade, a maioria de nós lida muito bem com os "grandes problemas"; o estresse que muitas vezes sentimos vem da luta "sem chance de vitória", quando o resultado é, de qualquer modo, praticamente irrelevante.

Talvez você esteja frustrado com as reclamações de uma colega. Você pode gastar horas sem fim e um bocado de energia tentando mostrar a ela por que não deveria estar tão irritada. Mas por mais que tente, ela continua reclamando. A cada toque valioso que você lhe dá, ela responde com mais um "é, eu sei, mas…" e nunca, nunca segue seus conselhos. Se você fica frustrado com esse tipo de interação comum, é porque está encarando uma batalha que não pode ser vencida. Ela provavelmente vai continuar reclamando pelo resto da vida. Seu envolvimento, preocupação, ideias e dicas não tiveram efeito nenhum. Isso significa que você deve deixar de se importar? É claro que não; simplesmente significa que você pode abandonar a ideia de que vai conseguir convencê-la a parar de reclamar. Caso encerrado. Você pode desejar-lhe o melhor e estar sempre disponível como amigo, mas se pretende que a sua vida seja menos estressante, vai ter de desistir dessa batalha.

Enfrentamos essas batalhas idiotas (e muitas outras) às vezes por teimosia ou pela própria necessidade de nos colocarmos à prova. Outras vezes por mero hábito, e em certos casos simplesmente porque não pensamos exatamente no que estamos querendo realizar ou para onde nossos esforços provavelmente nos levarão.

Seja qual for o motivo, contudo, esta tendência é um erro sério se sua meta é parar de fazer tempestade em copo d'água. O grande treinador de futebol americano Vince Lombardi disse certa vez: "Quando você faz algo errado, fazê-lo com mais intensidade não vai ajudar." Eu não poderia ter dito melhor.

Tenho certeza de que um dos principais motivos por que sou uma pessoa feliz é porque geralmente sou capaz de diferenciar entre uma batalha que merece ser travada e uma outra que devemos simplesmente abandonar. Sempre achei que meu senso de bem-estar pessoal é muito mais importante do que qualquer necessidade de provar que estou certo ou de participar de uma discussão irrelevante. Desse modo, posso economizar meu amor e energia para as coisas verdadeiramente importantes. Espero que você leve esta estratégia a sério, porque sei que ela pode ajudá-lo a parar de fazer tempestade em copo d'água no trabalho.

54

PENSE NO ESTRESSE E NA FRUSTRAÇÃO COMO PERTURBAÇÕES PARA O SEU SUCESSO

◇◇◇◇◇◇◇◇◇◇◇◇◇

Perdi a conta de quantas vezes me perguntaram: "Você não acha que é preciso ficar estressado e aborrecido para ter sucesso?" Ainda estou para encontrar alguém que possa me convencer de que a resposta a essa pergunta é "sim".

Muitas pessoas acham que o estresse e o sucesso estão ligados da mesma maneira que a cola gruda no papel. O pressuposto é: "Há um alto preço a pagar para realizar seus sonhos, e um estresse enorme é uma parte inevitável e essencial do processo." As pessoas pensam no estresse como uma fonte de motivação. Consequentemente, elas não estão apenas procurando uma confirmação do estresse em sua vida cotidiana, como também começam a acreditar que o estresse é uma emoção valiosa, que realmente precisam alimentar para permanecerem motivadas e perseverantes em seus objetivos. Começam, portanto, a ter uma aparência e um comportamento muito estressados — ficam com o pavio curto e tornam-se péssimas ouvintes. Elas não dão um intervalo adequado entre os compromissos, acreditando que precisam correr e se apressar. Ficam nervosas e agitadas, perdem a objetividade e a sabedoria. Saem apressadas pela manhã e reclamam de quão ocupadas são quando finalmente voltam para casa depois do trabalho. Em suma, fazem tempestade em copo d'água — tempestades torrenciais!

O problema é que, se você achar que o estresse é um fator positivo e necessário, vai gerar — consciente ou inconscientemente — uma dose muito maior de tensão. Se, contudo, você começar a pensar no estresse como um obstáculo que está de fato interferindo em suas metas e sonhos, vai começar a se livrar de uma boa dose de tensão.

O estresse, na verdade, é uma perturbação. Ele interfere no pensamento lógico e claro. Ele dificulta a expressão da sabedoria, das intuições e da criatividade. O estresse é também exaustivo, e priva você de energia valiosa e preciosa — tanto física quanto emocional. Finalmente, o estresse é uma fonte enorme de problemas de relacionamento. Quanto mais estressado você está, mais irritável você fica. Você perde a capacidade de concentração, e torna-se um péssimo ouvinte. Perde também a compaixão e o senso de humor.

Reconheço que, até certo ponto, o estresse pode ser inevitável. E certamente, ter sucesso no que quer que você faça pode ser difícil e maçante. Contudo, pensar que o estresse é útil só piora as coisas ao invés de melhorá-las. Visto dessa maneira, é fácil perceber que o estresse não é alguma coisa sobre a qual você deseja pensar de uma maneira positiva. Em vez de ser a sua fonte primária de motivação, o estresse é uma maneira de derrotar seu ânimo e energia. E ao contrário da noção de que o estresse o deixa estimulado, ele na verdade dá a vantagem aos seus competidores.

A minha sugestão é a seguinte: quando começar a fazer tempestade em copo d'água no trabalho e a sentir-se estressado, lembre-se serenamente de que, muito embora o trabalho possa ser difícil, os sentimentos estressantes que está experimentando não estão ajudando, e certamente não merecem ser defendidos. Ao fazê-lo, você também começa a notar que parte do estresse que sempre achou necessário começa a sumir. Se isso acontecer, vai experimentar o sucesso que provém da conscientização de que o estresse é um obstáculo em vez de um aliado.

55

ACEITE O FATO DE QUE QUASE SEMPRE EXISTIRÁ ALGUÉM ZANGADO COM VOCÊ

◇◇◇◇◇◇◇◇◇◇◇◇

Este é um conceito difícil de aceitar, particularmente se você, como eu, gosta de agradar as pessoas ou, pior ainda, busca a aprovação delas. Contudo, descobri que se você não fizer as pazes com este fato praticamente inevitável, ele garantirá que você passe a maior parte do tempo lutando contra uma das tristes realidades da vida — o desapontamento.

O fato de alguém estar quase sempre zangado ou pelo menos desapontado com você é inevitável, porque enquanto você está ocupado tentando agradar a uma pessoa, frequentemente está desapontando alguma outra. Mesmo que as suas intenções sejam completamente puras e positivas, simplesmente não é possível estar em dois lugares ao mesmo tempo. Assim, se duas ou mais pessoas quiserem, precisarem ou esperarem algo de você — e você não puder fazer tudo —, alguém ficará desapontado. Quando você tem dúzias, até mesmo centenas de exigências em relação ao seu tempo, e os pedidos são disparados de toda parte, um certo número de petecas vai cair no chão. Erros serão cometidos.

O seu chefe ou cliente precisa que você faça alguma coisa — o único problema é que seu filho ou cônjuge precisa de você ao mesmo tempo. Você é uma garçonete num restaurante cheio e todas as mesas parecem ansiosas — você está fazendo o melhor que pode, mas os clientes continuam zangados. Quatro pessoas pediram que você ligasse para elas antes das cinco horas. Puxa, a segunda ligação levou muito mais tempo do que o previsto! Os outros dois que não receberam os telefonemas provavelmente vão ficar irritados. Se você apressasse a ligação em que estava, se arriscaria a aborrecer aquela pessoa. De qualquer modo, alguém fica chateado. Ou você pode correr aquele quilômetro extra para fazer um trabalho excelente num projeto — mas só tem tempo de realizar um trabalho aceitável em outro projeto. Novamente, você decepciona alguém. Você esquece o aniversário de alguém; mesmo que recorde os aniversários de dezenove outras pessoas, ainda assim você irritou uma pessoa. E assim por diante.

Se você tentar e tentar, poderá colocar as probabilidades a seu favor, poderá abrir espaço para eventualidades e confusões, mas ainda assim vão acontecer erros. E quando os erros acontecem, ou quando você prova que é humano — quando está sobrecarregado, precisa de algum tempo para si mesmo, esquece uma promessa, encontro ou compromisso — então alguém ficará magoado, irritado, zangado ou desapontado. No fundo do coração, sei que tento tanto quanto é possível para qualquer ser humano — e posso dizer que não há nenhuma forma de evitar isso (pelo menos nunca achei uma). Aqui está um exemplo pessoal.

Durante um período, tive a bênção de receber trezentas cartas de leitores por semana. Um bom número delas pedia uma resposta pessoal e, na minha opinião, cada pessoa merecia uma. Afinal de contas, alguém que gasta tempo e esforço para escrever uma carta gentil é, para mim, bastante especial. Até hoje, aprecio cada carta que recebi — muitas trouxeram lágrimas aos meus olhos. Mas isso também pode ser muito frustrante, porque, como acontece com todo mundo, meu problema é que só existem vinte e quatro horas num dia e, mais uma vez como todo mundo, tenho de equilibrar inúmeras responsabilidades e compromissos diferentes.

Tenho uma agenda de viagens frenética, e prazos apertados para a entrega de livros. Tenho várias e frequentes palestras para preparar, compromissos promocionais e dúzias de outras solicitações para o meu tempo todo santo dia. Mais importante, tenho uma família que amo muito e desejo passar algum tempo com ela, assim como com alguns poucos amigos íntimos.

Para colocar as coisas de forma bem objetiva, se eu gastasse menos de dez minutos por dia em todas as cartas que recebo, elas consumiriam praticamente todo o meu tempo. De qualquer modo, você certamente não estaria lendo este livro hoje, porque eu não teria tempo de escrevê-lo. O que posso fazer? Contratei uma pessoa sensível para me ajudar a responder minha correspondência. Toda semana, ela me ajuda a escolher o máximo de cartas possível para responder pessoalmente, e ela responde ao resto. Suas cartas são gentis, bem elaboradas e respeitosas. Por algum tempo, pensei que tinha resolvido meu dilema.

Não! Muito embora a grande maioria compreenda meu problema, sempre há uma pequena percentagem de pessoas que fica desapontada, e algumas que sentem raiva por eu não ter tido a cortesia de responder pessoalmente. Novamente, o problema é que realmente é impossível agradar a todos, por mais que você tente. O que acontece com você acontece também comigo.

Quando você fizer as pazes com este fato da vida, vai tirar um grande peso dos ombros. É óbvio que, intencionalmente, você não deve nunca magoar ou desapontar alguém. Na verdade, a maioria de nós fará tudo o que puder para evitar isso — mas ainda assim, vai acontecer. A partir do momento em que você se conscientizar de que isso é inevitável, sua reação instintiva ao desapontamento será mais tranquila. Em vez de sentir-se chateado, na defensiva ou culpado, vai manter o controle e será compassivo. Vai compreender que não há nada que possa fazer — exceto o melhor que puder. Você não quis que isso acontecesse, fez tudo o que pôde para evitar, e ainda assim aconteceu. E acontecerá novamente. É tempo de deixar isso de lado; e ao deixar de lado, encontrar a paz.

56
NÃO DEIXE SEUS PENSAMENTOS ESTRESSAREM VOCÊ

Muitas vezes me perguntam: "Qual é a coisa mais importante que uma pessoa pode fazer para deixar de fazer tempestade em copo d'água?" Devo confessar que não sei exatamente qual seria esse segredo único. Contudo, posso dizer que bem no topo da minha lista está a sugestão de não deixar que seus pensamentos deixem você estressado.

Pense sobre a frequência com que conversamos na intimidade de nossas mentes. Isso acontece, de maneira praticamente ininterrupta, o dia inteiro, todos os dias das nossas vidas. Estamos no carro pensando sobre alguma coisa — um prazo final, uma discussão, um conflito potencial, um erro, uma preocupação, o que for. Ou estamos no escritório ou no chuveiro, fazendo exatamente a mesma coisa — e tudo parece tão real.

Quando estamos pensando, contudo, é fácil perdermos de vista o fato de que mentalizamos pensamentos, e não a realidade. Deixe-me explicar. Pode parecer estranho, mas a maioria de nós tende a esquecer que estamos pensando porque é algo que estamos sempre fazendo — como respirar. Mas até eu ter mencionado a respiração, você não estava realmente consciente de que estava respirando — estava? Pensar funciona de uma maneira similar. Como faz parte de nós, tendemos a dar um enorme significado e a levar muito a sério a maioria dos pensamentos que passam por nossas mentes. Começamos a tratar os pensamentos como se fossem a coisa real, deixando que eles nos estressem.

Se você refletir sobre esta ideia, provavelmente será capaz de ver as aplicações práticas. Quando você tem um pensamento, ele é só isso — um pensamento. Os pensamentos certamente não têm o poder ou a autoridade de estressá-lo sem seu consentimento consciente ou inconsciente. Eles são apenas imagens e ideias em sua mente. São como sonhos — só que você está desperto enquanto os têm. Mas com pensamentos despertos, você decide quão seriamente vai considerá-los.

Por exemplo, você pode ter uma série de pensamentos enquanto dirige para o trabalho: "Puxa vida, hoje vai ser realmente horrível. Tenho seis reuniões e preciso terminar esses dois relatórios até o meio-dia. Estou com medo de ver Jane. Sei que ela ainda vai estar zangada com nossa discussão de ontem."

A essa altura, basicamente só pode acontecer uma de duas coisas. Você leva os pensamentos a sério, começa a ficar preocupado, pensa mais um pouco sobre eles, analisa como a sua vida ficou difícil, sente pena de si mesmo, e assim por diante. Ou então, se você reconhecer que o que acabou de lhe acontecer foi um "miniataque de pensamentos", pode simplesmente lembrar-se de que o ocorrido foi apenas uma outra série de pensamentos que viajou pela sua mente. Você nem mesmo chegou ao trabalho — ainda está dirigindo o carro!

Isto não significa que seu dia será livre de problemas ou que está fingindo que tudo vai bem. Mas pense como é incoerente ter um dia ruim no trabalho antes mesmo de ele ter oficialmente começado. É ridículo — mas é precisamente isso que a maioria de nós faz o tempo todo. Temos um pensamento atrás do outro; mas esquecemos de que são apenas pensamentos. Achamos que eles são reais.

Se você puder mudar este modo de se relacionar com seu pensamento, terá uma agradável surpresa com relação à maneira rápida e radical com que poderá reduzir o estresse na sua vida profissional. Na próxima vez que tiver um "ataque de pensamentos", veja se consegue conter-se. Então diga a si mesmo algo gentil como "epa, lá vou eu de novo", como uma maneira de lembrar-se de que está levando seus pensamentos um pouco a sério demais. Espero que você leve esta estratégia a sério — vai fazer uma enorme diferença.

57
LEVE EM CONTA A INCOMPETÊNCIA

Como tantas coisas, a incompetência parece ser representada por uma curva em forma de sino. Sempre há uma pequena porcentagem de pessoas que estão perto do topo, a maioria cai perto do meio, e alguns estão próximo ao fundo. Na maioria das profissões (com exceção daquelas em que somente pessoas altamente competentes são qualificadas), esta é exatamente a maneira como a vida parece acontecer. Algumas pessoas, em cada área, serão realmente boas, a maioria estará na média e sempre haverá alguns poucos que fazem com que você se pergunte como conseguem viver.

É interessante, contudo, que a maioria das pessoas parece não entender essa dinâmica ou, se compreendem, certamente não demonstram nenhuma compaixão ou senso comum na forma de reagir a ela. Apesar do fato de a incompetência ser um elemento óbvio e inevitável da vida, é como se as pessoas ficassem surpresas, levassem para o lado pessoal, sentissem isso como uma imposição, e reagissem com dureza. Grande parte das pessoas reclama da incompetência, é incomodada por ela, discute com outros sobre como ela está aumentando, e gastam tempo e energia valiosos esperando e desejando que ela desapareça. Eu já vi pessoas tão irritadas com a incompetência óbvia que pensei que teriam um ataque cardíaco ou um colapso nervoso. Em vez de ver isso como um mal necessário, elas ficavam tensas, muitas vezes aumentavam o problema com sua reação negativa, e batiam a cabeça contra a parede com frustração. No final nada era realizado, exceto que a pessoa frustrada tinha um colapso emocional e dava um vexame.

Um dos meus programas de televisão favoritos é a comédia *Mad about You*. A brilhante humorista Lisa Kudrow interpreta uma garçonete incompetente, quase além da imaginação, numa lanchonete. Eu achava que seu papel era único, até que estive num restaurante em Chicago. A garçonete que me atendeu era tão ruim que por um momento pensei que estivesse diante de uma "armação", com uma câmera oculta verificando se eu não fazia tempestade em copo d'água. Até onde pude ver, ela conseguiu misturar completamente todos os pedidos. Pedi um lanche vegetariano e acabei com um rosbife malpassado. O cliente ao meu lado pediu um milk-shake e terminou com uma garrafa de cerveja, que foi rapidamente derramada sobre sua camisa cara. E foi continuando, cada mesa aparentemente pior que a outra. Depois de um tempo, realmente ficou engraçado. Quando a conta chegou, ela tinha me cobrado pelo rosbife, pela cerveja do outro homem, e por uma camiseta com o logotipo do restaurante!

Outra história vem de alguém que conheço que trabalha num escritório imobiliário. Além de vender casas, ela ajuda a coordenar seus clientes com os vários profissionais que montam o negócio — financiadores de empréstimos, inspetores e avaliadores. Ela me contou sobre um avaliador com quem trabalhou (duas vezes) que também trabalha com muitos dos seus colegas. O avaliador era, nas palavras dela, "inacreditável". Seu serviço era avaliar o valor de mercado da casa que estava sendo vendida para garantir que o empréstimo fosse um risco aceitável para o financiador. Aparentemente, ele tinha o hábito de avaliar casas por até o dobro do seu valor real. Ela estava vendendo uma casa, por exemplo, que valia aproximadamente 150 mil dólares, que ele tinha avaliado em 300 mil dólares. Uma casa quase idêntica foi vendida ao lado por 150 mil. Ela afirmava que este era o procedimento padrão dele — ele jogava fora todos os métodos racionais e padronizados de avaliação e confiava no seu "instinto". A sua competência deve ter funcionado muito bem para os compradores — mas imagine o risco que os financiadores estavam assumindo com avaliações de casas que não condiziam com a realidade.

A parte mais inacreditável dessa história é que, aparentemente, este avaliador conseguiu continuar no negócio por mais de dez anos! Apesar de um longo padrão de incompetência ululante, ele continuava a ser contratado por financiadores de empréstimos, que dependiam do seu julgamento para proteger seus negócios.

De modo algum estou dizendo que é agradável lidar com a incompetência, mas se você quer evitar sentir-se tão irritado, é importante não ser pego de surpresa por ela. É útil compreender que uma certa dose de incompetência é tão previsível quanto um eventual dia chuvoso — mesmo que você viva na Califórnia, como eu. Mais cedo ou mais tarde, vai acontecer. Assim, em vez de dizer "não acredito no que estou vendo", ou algo similar, tenha em mente que é algo que ocorre de vez em quando — é inevitável. Esta aceitação da maneira como as coisas realmente acontecem provavelmente permitirá que você diga algo como "é natural que isso aconteça de vez em quando". Você vai ser capaz de manter sua objetividade e de lembrar que, na maior parte do tempo, a incompetência não está direcionada pessoalmente a você. Em vez de se concentrar nos exemplos mais dramáticos e extremos para validar sua crença na incompetência galopante, veja se pode reconhecer e apreciar o fato de que a maioria das pessoas funciona bastante bem a maior parte do tempo. Com um pouco de prática e paciência, você vai deixar de ficar tão aborrecido com coisas sobre as quais tem pouco controle.

Não estou sugerindo que você deva aceitar ou defender a incompetência, ou que, sendo um empregador, não deva substituir funcionários incompetentes por gente mais trabalhadora e qualificada. Estas são questões totalmente diferentes. O que estou dizendo é que, independentemente de quem você é ou do que faz, vai encontrar (e ter de lidar) com pelo menos alguma dose de incompetência na sua vida profissional. Por que não aprender a lidar com isso tranquilamente, e não deixar que o incomode tanto?

Simplesmente ao levar em conta a possibilidade de algo que inevitavelmente acontecerá, você será capaz de melhorar radicalmente a qualidade da sua vida. Sei que lidar com a incompetência pode ser frustrante — especialmente quando o custo é alto. Posso virtualmente garantir a você, contudo, que perder a calma não vai ajudar muito.

Na próxima vez que se deparar com a incompetência, mesmo que ela seja flagrante, veja se pode tirar o melhor dela, contornando a situação, se possível, e, então, prosseguindo com seu dia. Deixe ir. Em vez de transformar a incompetência numa manchete em sua mente, faça com que ela seja mais uma pequena história. Se fizer isso, estará livre de mais uma das fontes de frustração do mundo.

58
NÃO SEJA MUITO RÁPIDO PARA FAZER COMENTÁRIOS

É difícil quantificar exatamente quão útil esta estratégia foi na minha vida profissional, porque muitas vezes os resultados são sutis ou especulativos. Posso dizer, contudo, que ela foi, com certeza, uma ferramenta poderosa e significativa. Aprender a ser menos rápido nos comentários me livrou de iniciar uma enorme quantidade de conversas desnecessárias ou fora de hora. Sem dúvida, também me fez poupar tempo, energia e provavelmente algumas discussões.

Muitos de nós rapidamente comentam sobre qualquer coisa. Gostamos de falar sobre o comentário de outra pessoa, sobre sua opinião, ou sobre um erro que percebemos que pode ter sido feito. Oferecemos nossa própria opinião, comentamos sobre uma política, sobre um padrão de comportamento, ou sobre uma cisma pessoal. Muitas vezes só queremos desabafar. Às vezes, quando estamos zangados ou frustrados, deixamos escapar algo — uma expressão do modo como estamos nos sentindo, ou um golpe defensivo. Comentamos sobre a aparência, comportamento ou ideias de alguém. Às vezes nossos comentários são de natureza crítica, outras vezes elogiosos ou charmosos. Muitas vezes partilhamos nossa visão, uma crença, uma solução potencial, um preconceito ou uma simples observação.

Obviamente, existem ocasiões em que outras pessoas pedem que façamos um comentário ou compartilhemos nosso ponto de vista. E na maior parte do tempo, estamos simplesmente reagindo ao momento, e nossos comentários são absolutamente apropriados. De fato, provavelmente acontece assim na grande maioria das vezes. Grande parte dos nossos comentários é provavelmente útil, necessária ou simplesmente divertida. Às vezes, nossa colaboração pode ajudar a resolver um problema, encontrar uma solução, uma maneira melhor de fazer algo ou contribuir de alguma forma significativa. Fantástico. Continue comentando.

Contudo, fatalmente alguns dos nossos comentários serão, na melhor das hipóteses, desnecessários, e na pior, contraproducentes. Eles surgem do hábito, de uma reação automática, ou de alguma necessidade inexplicada de comentar. Alguns desses comentários levam a argumentos, ferem sentimentos ou causam confusão. São estes que devemos evitar, se possível.

Recentemente, uma mulher que conheci me contou o seguinte exemplo: ela trabalhara o dia inteiro e estava prestes a sair do escritório. Ela disse que estava sonhando em passar a noite sozinha — tomar um banho quente e ir para a cama com um bom livro. Ela viu alguns colegas no corredor e foi até eles para se despedir.

Eles discutiam calorosamente sobre um tema que, em termos práticos, tinha pouco ou nenhum efeito sobre ela. Ninguém perguntou a sua opinião. Contudo, ela teve uma ideia que decidiu compartilhar com o grupo. Ela disse: "Sabem o que deveriam fazer?", você provavelmente pode adivinhar o resto da história. Imediatamente, ela foi envolvida na conversa e, como havia dado a ideia, seria inadequado ir embora. Ela passou as duas horas seguintes explicando e defendendo sua posição. No final, não houve uma resolução. Ela foi para casa exausta, cansada demais para ler. Ela previa uma noite tranquila. Em vez disso, acabou indo para casa tarde, com muita coisa na cabeça, ressentida e confusa.

Embora os detalhes sejam sempre um pouco diferentes, existem centenas, talvez até mesmo milhares de maneiras de agir similares que regularmente usamos. A mulher não fez nada errado; a sua única intenção foi ser útil e agradável. Contudo, seu comentário simples e inofensivo levou a uma discussão estressante que a desgastou. Existem ocasiões em que é adequado se envolver nesse tipo de conversa? Certamente que sim. Mas sua meta era passar uma noite tranquila sozinha.

Em muitas ocasiões fiz basicamente a mesma coisa. Por exemplo, eu estava terminando uma conversa telefônica e no último instante, sem pensar, eu perguntava: "O que aconteceu com tal e tal coisa?" A minha pergunta encorajava a pessoa com quem estava conversando a iniciar uma discussão detalhada e eu ficava no telefone mais uns vinte minutos. Enquanto isso, outra pessoa estava esperando que eu retornasse a ligação e agora eu estava atrasado. Não é óbvio que, em casos como esses, estou contribuindo para o meu próprio estresse?

Eventualmente, deixamos escapar um comentário que tem implicações a longo prazo. Uma vez ouvi uma mulher num pequeno escritório gritar para um dos colegas: "Você é o pior ouvinte que já vi. Detesto falar com você." Se ela fosse menos rápida no seu comentário, poderia ter refletido sobre uma maneira um pouco menos agressiva e mais eficiente de expressar seus sentimentos.

A questão é quanto estresse pode ser evitado simplesmente aprendendo a morder a língua quando for do seu interesse. Conheci várias pessoas que alegam que esta simples mudança de hábito contribuiu muito para uma vida mais pacífica. Agora, elas dizem menos coisas de que se arrependeriam depois, simplesmente refletindo com sabedoria antes de falar. Esta é uma ideia bastante simples para colocar em prática na sua vida. Geralmente, ela não implica mais do que fazer uma pausa suave antes de falar — só tempo o bastante para permitir que a sua sabedoria diga se o que você está prestes a falar é o melhor para você. Experimente; pode poupar a si mesmo de um bocado de problemas.

59

DESISTA DOS "CHOQUES DE PERSONALIDADE"

◇◇◇◇◇◇◇◇◇◇◇◇◇◇

Invariavelmente, quando as pessoas compartilham comigo sua lista de irritações com o trabalho, o assunto dos "choques de personalidade" vem à baila. Pessoas dizem coisas como "simplesmente não me dou bem com certos tipos de pessoas", e "algumas personalidades simplesmente não combinam com a minha". Muitas vezes deduz-se que alguns tipos de personalidade simplesmente não combinam — pessoas tímidas não se dão bem com pessoas extrovertidas, ou pessoas sensíveis não trabalham bem com aquelas mais agressivas, só para citar alguns exemplos. Isso é uma pena, porque raramente podemos escolher os tipos de personalidades com quem trabalhamos. Bem ao contrário, geralmente temos o que temos. Se não pudermos ir além dos pressupostos estereotipados sobre quem pode e quem não pode trabalhar bem junto, estamos sem sorte, condenados a uma vida de frustração.

Embora seja fácil entender por que algumas pessoas estabelecem esses pressupostos, na verdade não existem choques de personalidade. Se existissem, então nossas generalidades seriam sempre aplicáveis — e isso obviamente não acontece. Conheci vários colegas aparentemente incompatíveis que eram excelentes membros de equipes e adoravam trabalhar juntos. Aposto que você também já conheceu.

"Compreendo o que você está dizendo, mas meus choques de personalidade são mais específicos e sérios", me disseram vários funcionários. "Por exemplo, posso me dar bem com algumas pessoas teimosas, mas não com outras. Às vezes duas pessoas simplesmente não combinam, e não há nada que possa ser feito quanto a isso." Embora eventualmente esse pareça ser o caso, desistir e entregar-se ao sentimento amargo é derrotismo e, na minha opinião, desnecessário.

Como todo mundo, prefiro trabalhar com certos tipos de pessoas em vez de outras. Por exemplo, no geral, prefiro não trabalhar com pessoas agressivas ou hiperativas. Descobri, contudo, que com um leve esforço da minha parte, aliado a um aumento de perspectiva, geralmente trabalho bem com praticamente qualquer pessoa, independentemente do tipo de personalidade. O truque, na minha opinião, está na palavra "leve". É crucial compreender que a típica abordagem de "arregaçar as mangas e se esforçar" não funciona muito bem quando a meta é vencer uma diferença entre personalidades. Na verdade, quanto mais você tenta ou quanto mais força a questão, mais vai parecer que está nadando rio acima.

O que funciona bem para mim é pensar em termos de me dar bem com os outros como parte do meu trabalho. Em outras palavras, tento assumir a responsabilidade de fazer o relacionamento dar certo; coloco a bola no meu próprio campo. Em vez de deixar de lado o relacionamento (ou a minha experiência do relacionamento de trabalho) como se estivesse condenado ao fracasso ou à frustração, verifico se posso lidar com a situação e aceitar o desafio. Em vez de ver a mim mesmo como bom e a outra pessoa como defeituosa, uso o bom humor e rotulo a nós dois como "personagens", desempenhando papéis diferentes. Tento manter meu espírito leve e meu senso de humor intacto. Gentilmente, deixo de lado a minha insistência em que as outras pessoas vivam ou se comportem da minha maneira. Quase sempre, isto abre meu coração e amplia minha perspectiva.

Amy e Jan são professoras do quarto ano na mesma escola primária. Contaram-me que as professoras deveriam trabalhar juntas para criar um currículo consistente para os estudantes. O problema era que uma não suportava a outra, e constantemente criticavam o estilo de ensino uma da outra. Aparentemente, as duas mulheres achavam que tinham um choque irreconciliável de personalidades. Além de um bocado de facadas pelas costas e de golpes passivo-agressivos, as duas partiram para um confronto verbal diante dos pais numa reunião de pais e mestres. Amy acusou Jan de ser "tão indisciplinada e voltada para detalhes que seus estudantes não estariam preparados para os estudos do ano seguinte, o quinto". Jan respondeu que Amy "não só era incompetente, como os pais deveriam saber que ela elegia alunos favoritos e tinha padrões mais exigentes para os garotos de quem não gostava".

A inabilidade para respeitar suas diferenças e deixar de lado o conflito infantil de personalidade apavorou os pais, que ficaram visivelmente perturbados. O resto do ano escolar foi cheio de estresse, raiva e preocupação para os pais dos estudantes, e um embaraço (bem merecido) da sua própria criação, para as duas professoras. Em vez de compreenderem que diferenças de personalidade e estilo podem criar um ambiente de aprendizado mais interessante, as duas professoras levaram suas diferenças para o lado pessoal e expressaram sua frustração. Neste exemplo, como em todos os outros, ninguém venceu.

Deixar de lado diferenças pessoais deste jeito fez uma grande diferença na minha vida profissional. Fui capaz de ver que muitas vezes é vantajoso trabalhar com pessoas diferentes de mim e que, em última instância, isso torna meu trabalho mais interessante. Sugiro que você faça algo parecido com seus próprios choques de personalidade. Deixá-los de lado retirará um grande peso dos seus ombros.

60
NÃO FIQUE ESTRESSADO COM COISAS PREVISÍVEIS

Em muitos mercados, existem certos procedimentos ou problemas padrão que são, em grande medida, previsíveis. Nas primeiras vezes que acontecem, ou se você é pego de surpresa, é compreensível que eles criem alguma ansiedade ou estresse. Contudo, uma vez que você os inclua na sua consciência, e consiga prever como vão se desdobrar, é bobagem ficar irritado e incomodado. Mesmo assim, descobri que muitas pessoas continuam a ficar irritadas e estressadas, mesmo quando passam a conhecer o jogo. Elas continuam a ficar zangadas e a reclamar de um padrão previsível. Para mim, isto é estresse autoinduzido na sua forma mais pura.

Já tive vários amigos bastante tranquilos que são, ou que foram, comissários de bordo em grandes linhas aéreas. Embora costumem ser pessoas que levam a vida calmamente, já me contaram algumas histórias interessantes sobre colegas que perdem a cabeça (felizmente sem que os passageiros saibam) com fatos absolutamente previsíveis do seu trabalho.

Uma mulher fica completamente estressada toda vez que seu voo se atrasa. Ela liga para o marido e reclama do seu emprego estressante, e partilha sua frustração com os amigos (que já ouviram a história centenas de vezes). Em vez de dizer para si mesma "é claro que ocorrerão atrasos ocasionais", ela se tortura reagindo ao previsível.

Outro comissário fica superzangado toda vez que encontra um passageiro grosseiro ou ingrato. Ele obviamente é inteligente o bastante para compreender que isso terá de acontecer de vez em quando (ou com mais frequência do que espera). Contudo, sempre que isso acontece, ele fica louco e compelido a compartilhar sua raiva com os outros. Tudo o que ele faz é incomodar os outros comissários fazendo com que se concentrem nas poucas pessoas desrespeitosas em vez de na grande maioria, que é bastante simpática.

Conheci um contador que ficava irritado todo mês de março e abril porque o expediente aumentava e ele não podia deixar o escritório às cinco da tarde. Dava pulos de raiva e reclamava de como era "injusto", muito embora fosse absolutamente previsível. Acho que praticamente *todos* os contadores que preparam impostos de renda deveriam ficar mais ocupados durante a época do pagamento de impostos. Não é?

Conheci um policial que levava para o lado pessoal quando alguém dirigia mais rápido que o limite de velocidade. Ele ficava frustrado e soltava o verbo, aparentemente esquecendo-se de que era seu trabalho pegar pessoas correndo para criar estradas mais seguras. Novamente, esta é uma parte previsível do seu trabalho. Já falei com alguns outros policiais que encaram essa parte do trabalho com tranquilidade — porque sabem o que vai acontecer, é previsível. A maioria deles diz: "Claro, precisamos emitir uma multa, mas por que ficar estressado com isso?"

Antes que você possa dizer que "estes são exemplos bobos", ou que "nunca ficaria irritado com algo assim", olhe cuidadosamente o seu próprio setor. É sempre mais fácil ver por que alguém não deveria ficar irritado do que admitir que você também pode fazer um cavalo de batalha desnecessário. Admito que já cometi esse erro em mais de uma ocasião, e talvez você também tenha cometido. Ao encarar certos aspectos da sua profissão como previsíveis, você pode aliviar uma grande dose de frustração.

Muito embora os detalhes e problemas específicos sejam diferentes em cada mercado e embora muitos dos eventos previsíveis não pareçam fazer muito sentido, já vi um padrão similar em muitos campos. Em algumas indústrias, por exemplo, existem atrasos automáticos. Você está esperando fornecedores, pedidos ou alguém ou alguma outra coisa para fazer seu trabalho, de modo que sempre *parece* que você está atrasado ou com muita pressa. E embora seja verdade que você precisa esperar até o último minuto para conseguir tudo o de que precisa, é algo inteiramente previsível e consistente — você sabe o que vai acontecer. Portanto, se você pode preparar-se mentalmente para o inevitável, não precisa sentir a pressão. Em vez disso, você aprende a ver as coisas objetivamente. Isso não significa que você não se importa. Obviamente, é necessário e apropriado fazer o melhor trabalho da maneira mais rápida e eficiente possível. Ficar surpreso e ressentido com o fato de estar sempre esperando os outros é tolice.

Em outros campos (talvez na maioria deles), sempre há mais trabalho a ser feito do que tempo para fazê-lo. Se você olhar à sua volta, vai notar que todo mundo está no mesmo barco — as coisas são assim. O trabalho é projetado para pousar na sua mesa um pouco mais rápido do que você é capaz de completá-lo. Se examinar esta tendência, vai notar que ela é absolutamente previsível Se você trabalhasse duas vezes mais rápido, nada mudaria no sentido de deixar tudo pronto. À medida que você trabalhar mais rápido e com mais eficiência, vai notar que uma quantidade maior de trabalho aparece magicamente. Novamente, isso não significa que seu trabalho não seja exigente ou que você não deva trabalhar com afinco e fazer o melhor que pode; só significa que você não precisa perder o sono com o fato de que ele nunca vai estar completamente pronto — porque não vai mesmo.

Quando você pode ver esta e outras tendências relacionadas ao trabalho sob uma perspectiva "previsível" adequada, consegue eliminar um bocado de estresse. Pode abrir espaço na sua mente, atitude e comportamento para aquilo que você sabe que vai acontecer de qualquer maneira. Pode respirar com mais tranquilidade e, talvez, aprender a relaxar mais um pouco. Espero que esta perspectiva adicional seja tão útil para você quanto foi para mim.

61
PARE DE PROCRASTINAR

Recentemente recebi um telefonema desesperado de uma contadora que deu uma das desculpas mais utilizadas para justificar atraso. Ela usou a frase familiar "foi muito complicado e levou um bocado de tempo". Se você respirar fundo e der um passo para trás, acho que concordará comigo que, de certa forma, esta é uma desculpa ridícula que cria problemas desnecessários para a pessoa atrasada, assim como para a pessoa que precisa esperar. Tudo o que ela realmente garante é que você continuará atrasado, enquanto encoraja você a sentir-se vitimado pela falta de tempo.

Todo projeto leva uma certa quantidade de tempo. Isto é verdade — seja uma declaração de impostos, um trabalho burocrático, um relatório, a construção de uma casa, ou escrever um livro. E, embora existam fatores totalmente fora do seu controle e completamente imprevisíveis, a verdade é que, na grande maioria dos casos, você pode fazer uma avaliação *razoável* da quantidade de tempo de que vai precisar para completar a tarefa, mesmo que tenha de contar com algum tempo extra para elementos desconhecidos.

Por exemplo, a contadora a que me referia sabia muito bem que a sua tarefa era um pouco complexa e que deveria levar em conta o grau de dificuldade da sua agenda. Ela também tinha a vantagem, como o resto de nós, de saber a data exata em que o governo exigia a devolução completa! Por que, então, ela esperou tanto tempo para começar? E por que usou a desculpa do "realmente complicado" em vez de simplesmente admitir que esperara tempo demais para começar? Ela teria levado exatamente o mesmo número de horas para completar o projeto se houvesse iniciado um mês antes ou esperado ainda mais tempo.

Muitos de nós fazem a mesma coisa no trabalho e na vida pessoal. Conheço várias pessoas que estão praticamente *sempre* atrasadas, para pegar os garotos no transporte escolar, sentar-se antes que a missa comece na igreja, ou preparar comida para os convidados. A parte interessante desta tendência não é o fato de estarem sempre atrasadas, mas as desculpas que usam: "Tive de pegar três crianças", "Tive de fazer duas paradas antes do trabalho", "É duro deixar tudo pronto antes de sair de casa", "Ter convidados é mais trabalho para mim".

Mais uma vez, não estou negando que é difícil deixar tudo pronto — porque é — mas em todos esses exemplos, você está trabalhando com variáveis absolutamente conhecidas. Você sabe exatamente quantas crianças tem, quanto tempo leva para aprontá-las e para pegá-las onde quer que estejam. Você sabe quanto tempo é necessário para dirigir até o trabalho, e que é praticamente certo que vai ter de pegar um engarrafamento; sabe que ter convidados para o jantar pode dar muito trabalho, e que leva mais tempo para preparar o jantar e deixar tudo pronto. Quando não usamos a desculpa "não tenho tempo suficiente", estamos nos enganando e, assim, praticamente garantindo que cometeremos o mesmo erro na próxima vez.

Superar essa tendência exige humildade. A única solução é admitir que, na maioria dos casos, você tem tempo, mas precisa começar um pouco mais cedo e preparar-se para garantir que não vai ficar cheio de pressa. Assim, se você está sempre cinco, ou trinta minutos atrasado, e isso gera estresse na sua vida e na dos outros, precisa se esforçar de verdade para começar cinco minutos mais cedo, ou meia hora mais cedo, com assídua persistência.

O meu prazo final para completar este livro era 1º de setembro do ano anterior ao seu lançamento. Eu sabia qual era o prazo com seis meses de antecedência; me fora dado tempo o bastante. Você acha que teria sido uma boa ideia para mim esperar até 15 de julho para começar? É claro que não. Isso teria gerado um bocado de estresse desnecessário para mim e para meu editor. Eu teria de correr, e não seria capaz de fazer o melhor trabalho possível. Contudo, é precisamente isto que muitas pessoas fazem com seu trabalho. Elas esperam tempo demais para começar, então reclamam de quantas outras coisas tinham de fazer.

Pense como sua vida seria muito menos estressante se você simplesmente começasse suas tarefas um pouco mais cedo. Então, em vez de correr de um projeto para o outro, teria tempo o bastante. Em vez de se agarrar ao volante e cantar pneus de rua em rua até o aeroporto ou o escritório, você chegaria com cinco minutos de sobra. Em vez de fazer com que alguns dos pais das crianças no seu transporte fiquem frustrados e zangados com você a maior parte do tempo, você cria uma reputação de amigo confiável e consciencioso.

Esta é uma das sugestões mais simples que já fiz em qualquer um dos meus livros, mas de algum modo é uma das mais importantes. Uma vez que você adquira o hábito de começar um pouco mais cedo, grande parte do seu estresse diário, pelo menos aquela parte sobre a qual você tem algum controle, vai sumir.

62
CONFRONTE SUAVEMENTE

É difícil imaginar trabalhar para viver sem pelo menos algum grau de confronto. Afinal de contas, vivemos num mundo de interesses, desejos e preferências conflitantes. Temos diferentes padrões e expectativas. Um trabalho que é considerado bem feito e completo para uma pessoa pode ser incrivelmente inadequado para outra. Algo que você considera uma emergência ou absolutamente crítico pode parecer quase irrelevante para outra pessoa, ou pelo menos indigno da sua atenção. Existem muitas questões e pessoas para lidarmos com as quais um confronto ocasional parece inevitável. Às vezes, você pode ter de enfrentar alguém para conseguir um resultado desejado, esclarecer uma intenção, sacudir alguém, fazer as coisas acontecerem, resolver um conflito, abandonar um hábito ou melhorar a comunicação.

Embora os confrontos possam ser inevitáveis, eles não precisam necessariamente se parecer com uma guerra ou conduzir a sentimentos que firam ou aborreçam, estressem ou desapontem. Em vez disso, é possível confrontar alguém (ou ser confrontado) de uma maneira gentil e eficiente que não só leva ao resultado desejado, como também aproxima vocês dois pessoal ou profissionalmente.

Parece que a maioria das pessoas são agressivas ou defensivas demais durante confrontos. Elas perdem sua humanidade e sua humildade. Abordam a questão de uma maneira hostil, como se estivessem certas e a outra pessoa errada. É "eu contra você" ou "eu vou te mostrar". O pressuposto parece ser que os confrontos são por definição belicosos, e que a agressividade é a melhor abordagem.

Contudo, se você for muito agressivo, vai parecer que está atacando os outros, encorajando-os a entrar na defensiva. As pessoas com quem você se confronta o acharão difícil, verão você como se fosse o inimigo. Quando as pessoas estão na defensiva, passam a ser péssimas ouvintes, incrivelmente teimosas e raramente mudam seu ponto de vista ou veem sua contribuição para um problema. Elas não se sentem respeitadas e perdem o respeito por você. Assim, se você está se confrontando com alguém de uma maneira agressiva, é provável que você bata num muro de pedra.

A chave para o confronto eficiente é ser firme mas gentil e respeitoso. Aborde o confronto com o pressuposto de que existe uma solução e que você vai ser capaz de resolver tudo. Em vez de avaliar a culpa e achar defeitos, tente ver a inocência em si mesmo e na outra pessoa. Em vez de usar frases que praticamente sempre causam respostas defensivas como "você cometeu um grande erro e precisamos conversar", tente dizer coisas com um pouco mais de humildade, como "estou um pouco confuso com uma coisa — pode me ajudar?".

Mais importante que as palavras que você usa, contudo, são os sentimentos. Nem sempre é possível, mas, quando for, tente evitar confrontos quando está zangado ou estressado. É sempre melhor esperar um pouco até recuperar a objetividade, ou seu humor melhorar. Tenha em mente que a maioria das pessoas são razoáveis, cordiais e estão dispostas a escutar quando lidam com uma pessoa calma e contida que está falando honestamente o que está em seu coração.

Quando você lida com seus confrontos de uma maneira gentil, isso não só produz resultados mais eficientes, como também mantém seu nível de estresse baixo. Em outras palavras, um espírito gentil é um espírito relaxado, mesmo quando tem de fazer algo que é considerado normalmente difícil. Há algo muito confortador em saber que você vai manter sua tranquilidade independentemente do que tenha de fazer. Além disso, você terá menos batalhas para enfrentar, e as que forem necessárias serão mais curtas e menos graves. Vai receber mais cooperação e respeito dos outros e, talvez mais importante, seus pensamentos e sentimentos serão muito mais agradáveis.

Na próxima vez que se confrontar com alguém, seja qual for o motivo, espero que pense em agir de uma maneira mais gentil. Se você gostaria que sua vida não parecesse tanto uma batalha, este é um excelente momento para começar.

63
LEMBRE-SE DOS TRÊS "S"

Desenvolvi a estratégia dos três "S", que considero muito importante, especialmente se você quer aprender a ser uma pessoa menos intempestiva e mais feliz. Os três S de que estou falando são "sensível, solícito e sensato".

"Sensível" significa agir da maneira apropriada para a questão presente. Em vez de ser levado e controlado por reações habituais automáticas, ser sensível significa ter a habilidade de manter a objetividade e escolher o curso de ação ou alternativa mais adequada para a situação. Com sua habilidade de ver tão bem toda a situação, os indivíduos sensíveis são capazes de incluir todas as variáveis na equação, em vez de se limitarem à maneira normal de fazer as coisas. Eles estão dispostos a mudar de direção, se necessário, e admitir seus erros quando adequado.

Por exemplo, é comum que um construtor acabe encontrando mudanças inesperadas nos planos originais — condições de solo desconhecidas, falta de capital, ou problemas de projeto imprevistos. Um construtor temperamental entrará em pânico, agirá de maneira exagerada e dificultará o trabalho. Um bom construtor vai lidar com as mudanças à medida que acontecem, será sensível a elas, estará preparado para a ocasião e deixará o trabalho pronto.

"Solícito" significa estar aberto a ideias e sugestões. Quer dizer que você está inclinado e disposto a receber o que quer que seja necessário naquele momento — dados, criatividade, uma nova ideia, o que for. É o oposto de ter a mente fechada e ser teimoso. Pessoas que são solícitas estão dispostas a ter uma "mente de iniciante", com disposição de aprender, mesmo que sejam consideradas especialistas. Como não estão na defensiva, essas pessoas têm curvas de aprendizado agudas e quase sempre as melhores ideias. É divertido trabalhar com elas, e são excelentes membros de equipes, porque pensam de maneira não automática e consideram diferentes pontos de vista.

Uma das pessoas mais solícitas que conheço é um executivo aposentado. Ele era um líder que estava disposto a escutar todo mundo — e que frequentemente ouvia os conselhos de seus funcionários. Em vez de insistir teimosamente que suas respostas eram sempre as melhores, tirava seu ego da jogada e refletia de maneira não defensiva sobre as sugestões para determinar o melhor curso da ação. Ele me disse: "Isso tornava meu trabalho muito mais fácil. Sendo genuinamente receptivo a sugestões e ideias, em vez de fechar-me para elas, tinha a vantagem de ter centenas de mentes brilhantes trabalhando juntas — em vez de me apoiar na minha pequena mente."

"Sensato" sugere a habilidade de ver as coisas de maneira justa, sem a autojustificação que tantas vezes obscurece nossa visão. É a habilidade de ver a própria contribuição para um problema e a disposição para escutar e para aprender com outros pontos de vista. Ser sensato inclui a habilidade de se colocar no lugar dos outros, de enxergar o quadro maior e de manter-se objetivo. As pessoas que são sensatas são muito queridas e altamente respeitadas. Como estão dispostas a escutar, as outras prestam atenção no que têm a dizer. As pessoas sensatas raramente têm inimigos, e seus conflitos são mantidos no grau mínimo. Elas são capazes de ver além dos próprios desejos e necessidades, o que as torna compassivas e úteis para os outros.

Se você puder lutar para ser sensível, solícito e sensato, a minha opinião é que a maioria das outras coisas vai se encaixar no devido lugar e se resolver sozinha.

64
DEIXE DE RECLAMAR!

Reclamar, reclamar, reclamar. Um grande mal-humorado. Alguém que leva a si mesmo, aos outros e a tudo mais demasiado a sério. O foco primário é sobre problemas, sempre crítico, de cenho franzido, zangado, na defensiva, apressado, frustrado e estressado. Alguém que está esperando que a vida melhore, que as coisas sejam diferentes. Você é assim?

Agora, use sua imaginação e avance dez anos, vinte, trinta. Você ainda está abençoado com o dom da vida? Se não, você não pegou o espírito da coisa, e agora é tarde demais para fazer qualquer coisa. Enquanto você está no meio da carreira, enquanto existem problemas com que precisa lidar, parece que a vida vai durar para sempre. Mas no fundo, todos nós sabemos que, na realidade, a vida passa rápido demais. Você teve sua chance de experimentar e explorar a vida e suas muitas facetas — a beleza assim como os incômodos. Mas, de certo modo, você não deu bola para ela. Você passou o tempo resmungando, desejando que a vida fosse diferente.

Se, por outro lado, você tiver sorte o bastante de estar vivo depois de anos na estrada, ao olhar para trás, ficará feliz de ter sido tão sério e rabugento todos esses anos? Se você pudesse fazer tudo de novo — se pudesse viver sua vida novamente que coisas faria diferente? Você seria uma pessoa diferente com atitudes diferentes? Teria mais objetividade?

Se soubesse agora o que só vai saber futuramente, você levaria tudo tão a sério? Reclamaria tanto?

Todos nós ficamos sérios demais de vez em quando. Talvez seja a natureza humana. Mas há uma enorme diferença entre alguém que fica sério de vez em quando, e alguém que está constantemente reclamando. A boa notícia é que nunca é tarde demais para mudar. Na verdade, no momento em que você enxerga como isso é ridículo, pode mudar rapidamente.

Um rabugento culpará a vida pela sua atitude amarga. Ele vai validar sua negatividade apontando os problemas e dificuldades que tem de enfrentar; vai justificar sua posição apontando as injustiças da vida e as falhas dos outros. Ele não tem ideia de como sua visão de vida deriva de seus próprios pensamentos e crenças.

Charlie Schulz sempre foi um dos meus cartunistas favoritos. Em uma de suas cenas, a cabeça de Charlie Brown está caída e os ombros estão curvados. Franzindo o cenho, ele explica a Linus que se você quer ficar deprimido, é importante ficar nessa postura. Então, ele explica que se ficasse de pé, levantasse a cabeça e os ombros e sorrisse, ele não conseguiria continuar deprimido.

Do mesmo modo, um rabugento começa a sentir-se melhor ao reconhecer o absurdo da sua atitude negativa. De preferência, para curar-se, você precisa experimentar um grande insight — um sentimento de "não posso acreditar que eu era realmente assim". Para mudar do modo rabugento para uma natureza menos séria, é preciso conseguir um senso de humor — a habilidade de ver como você costumava ser e achar graça.

O mundo ficou sério demais. Se você faz parte dessa triste tendência, está na hora de mudar. A vida é realmente muito curta. É importante demais para ser levada a sério.

65

ACABE LOGO COM ISSO

À s vezes é útil ser lembrado do óbvio — especialmente quando ele implica algo que é assustador, desagradável, ou desconfortável. Como você provavelmente já sabe, é fácil olhar para uma lista de coisas a fazer e evitar, procrastinar, deixar para mais tarde ou até mesmo — convenientemente — esquecer o que você menos quer fazer. De algum modo, você descobre uma maneira de deixar o pior para depois.

Criei um hábito para mim mesmo que, sem dúvida, me economizou milhares de horas de pensamentos estressantes e aborrecimentos desnecessários. O hábito a que estou me referindo implica cuidar primeiramente das coisas mais difíceis ou desconfortáveis do dia, antes de qualquer outra coisa; tirá-las do caminho.

Por exemplo, posso ter de resolver um conflito, dar um telefonema complicado, fazer um negócio difícil, lidar com uma questão delicada, entrar num confronto, recusar algo ou desapontar alguém, ou alguma outra coisa que eu gostaria de não ter de fazer. Prometi a mim mesmo que, sempre que for possível e prático, vou dar esse telefonema primeiro — antes de qualquer outra coisa. Acabo logo com isso! Desse modo, evito todo o estresse que teria sido inevitável se eu tivesse esperado. Além disso, eu descubro que normalmente sou mais eficiente para lidar com a situação porque estou mais descansado e alerta. Não passei o dia temendo ou ensaiando minha conversa. Isso me torna mais sensível ao momento, um elemento-chave para resolver a maioria dos problemas de maneira eficiente e serena.

Sem dúvida, deixar as partes mais desconfortáveis do seu dia para o final é uma coisa extremamente estressante. Afinal de contas, a situação não desaparece — fica ali pairando em sua cabeça. Mesmo que você não esteja pensando ou se preocupando conscientemente com o que vai ter de fazer (e provavelmente está), ainda assim está ciente disso. A coisa a fazer fica espreitando. Quanto mais esperar, mais provável será que você exagere a situação, imagine o pior ou fique tenso. Enquanto toda essa atividade mental está ocorrendo, você pode permanecer nervoso e estressado, o que naturalmente faz com que você tenha dificuldades com tudo o que está no seu caminho. Num nível mais sutil, este medo e ansiedade que você sente são uma perturbação para sua concentração; eles afetam seu desempenho, julgamento e objetividade.

A solução mais simples é mergulhar de uma vez e resolver a situação, seja ela qual for. Você vai respirar aliviado quando estiver terminada. Então, poderá seguir adiante com o restante de suas tarefas diárias.

Tenho certeza que existem exceções, mas ainda não presenciei uma única cena em que tenha me arrependido dessa decisão. Estou absolutamente certo de que essa estratégia me ajudou a ficar mais calmo e, acima de tudo, mais feliz enquanto estava envolvido com meu trabalho. Minha única preocupação ao partilhar essa estratégia é que agora, sempre que eu marcar uma reunião com alguém de manhã cedo (partindo do princípio de que ele leu este livro) ele pode achar que temos alguma questão pendente a resolver.

66
NÃO VIVA NUM FUTURO IMAGINADO

Se você quer ser uma pessoa mais feliz e menos estressada, não há situação melhor para começar do que tornar-se consciente do que eu gosto de chamar de "pensamento antecipado", ou um futuro imaginado. Basicamente, esse tipo de pensamento implica imaginar como a vida será melhor quando certas condições forem cumpridas — ou quão horríveis, estressantes ou difíceis algumas coisas serão em algum ponto mais adiante da estrada. O típico pensamento antecipado parece com algo assim: "Não posso esperar para conseguir aquela promoção; aí eu vou me sentir importante"; "Minha vida vai ser muito mais fácil quando meu plano de aposentadoria 401K estiver totalmente pago"; "A vida será muito mais simples quando eu puder pagar um assistente"; "Este trabalho é só uma ponte para uma vida melhor"; "Os próximos anos vão ser muito difíceis, mas depois disso vai ser moleza". Você fica tão envolvido com os próprios pensamentos que se afasta dos momentos atuais da sua vida, adiando portanto a arte de viver de forma eficiente e alegre.

Também existem outras formas de manifestação, mais a curto prazo, desse tipo de pensamento: "Os próximos dias vão ser insuportáveis"; "Cara, vou ficar exausto amanhã"; "Sei que minha reunião vai ser um desastre"; "Estou com medo de treinar aquele novo funcionário". Existem variações infinitas dessa tendência estressante. Os detalhes costumam ser diferentes, mas o resultado é o mesmo — estresse!

"Estava acostumada a me preocupar muito com minhas avaliações anuais", disse Janet, uma especialista em computadores de uma fábrica de autopeças. "Finalmente, decidi que tinha de modificar meu hábito. Minha preocupação estava me devorando e exaurindo minha energia. Percebi que pela única vez em quinze anos tinha recebido uma análise negativa — e mesmo assim, nada de ruim acontecera. Então, por que me preocupar? Aquilo com que nos preocupamos raramente acontece, e mesmo quando acontece, a preocupação não ajuda."

Gary, um gerente de restaurante, descreveu a si mesmo como "um campeão mundial de preocupação". Toda noite, ele antecipava o pior — clientes hostis ou insatisfeitos, comida roubada, carne contaminada, uma sala vazia — "eu me preocupava com tudo". Na época, ele achava que era sábio, como se o pensamento antecipado o ajudasse a evitar certas ocorrências negativas. Depois de muitos anos antecipando o pior, ele concluiu que, na verdade, acontecia o oposto. Ele começou a ver que sua preocupação só iria criar problemas que na verdade não estavam ali. Para citar Gary, "eu ficava me preocupando até ficar irritado. Então, como estava antecipando o pior e esperando que todo mundo cometesse um erro, eu era muito intolerante com coisas pequenas — uma garçonete confundia um pedido e eu passava-lhe um carão. Ela ficava tão irritada e preocupada que começava a cometer erros muito mais sérios. Ao rever tudo, a maioria dos problemas era culpa minha".

Obviamente, algum planejamento, antecipação e consideração dos eventos e realizações futuros são uma parte importante e necessária do sucesso. Você precisa saber aonde gostaria de ir para poder chegar lá. Contudo, a maioria de nós leva esse planejamento demasiado a sério e se entrega demais ao pensamento futurista. Sacrificamos os momentos reais da vida em troca de momentos que existem somente dentro da nossa imaginação. Um futuro que é imaginado pode ou não tornar-se verdadeiro.

Às vezes as pessoas me perguntam: "Não é exaustivo e insuportável participar de uma viagem promocional — uma nova cidade por dia, vivendo com uma mala durante semanas?" Admito que eventualmente fico muito cansado, e às vezes até reclamo disso, mas na verdade é muito divertido, desde que eu participe de um evento de cada vez. Contudo, se eu gastar muito tempo e energia pensando sobre quantas entrevistas tenho amanhã, nas minhas próximas dez aparições em público, ou no voo dessa noite, muito provavelmente ficarei exausto e sobrecarregado. Sempre que nos concentramos demais em todas as coisas que precisamos fazer em vez de simplesmente fazermos o que podemos neste momento, sentimos o estresse associado a esse tipo de pensamento.

A solução para todos nós é idêntica. Esteja você temendo a reunião de amanhã ou o prazo da semana que vem, o truque é controlar os pensamentos que estão fixados nas expectativas negativas e nos horrores imaginários do futuro. Uma vez feita a conexão entre seus próprios pensamentos e sentimentos de estresse, será capaz de dar um passo atrás e reconhecer que, se você puder dominar seus pensamentos, trazendo-os de volta para aquilo que está realmente fazendo — neste momento — terá um controle muito maior sobre seu nível de estresse.

67

FAÇA COM QUE OUTRA PESSOA SINTA-SE BEM

◇◇◇◇◇◇◇◇◇◇◇◇◇

Depois de anos trabalhando no campo da redução de estresse, ensinando pessoas a serem mais felizes, ainda fico surpreso ao perceber que uma das maneiras mais eficientes de reduzir o próprio estresse e de melhorar a própria vida é também a mais simples. Uma das primeiras lições da vida real que meus pais me ensinaram na infância é talvez a mais básica: se você quer sentir-se bem, faça com que outra pessoa sinta-se bem! É realmente simples assim. Talvez esqueçamos dessa ideia devido à sua simplicidade.

Desde o início, tentei colocar em prática essa pequena pérola de sabedoria na minha vida profissional. Posso dizer que os resultados foram quase perfeitos. Parece que sempre que me esforço para fazer com que outra pessoa sinta-se bem, acabo alegrando meu dia e me sentindo melhor também. Isso me recorda que muitas vezes as coisas mais agradáveis não são "coisas". Em vez disso, são sentimentos que acompanham atos de generosidade e gestos simpáticos. Para mim, está claro que "aqui se faz, aqui se paga".

Ao lembrar um aniversário com um cartão, ao escrever uma nota de congratulações por um trabalho bem feito, um cumprimento verbal ou escrito, um telefonema amigável, um favor não solicitado, um buquê de flores, um bilhete de encorajamento ou qualquer outro número de possibilidades, fazer com que outra pessoa sinta-se bem — seja lá como for — é quase sempre uma boa ideia.

Atos de generosidade e boa vontade são intrinsecamente maravilhosos. Existe um velho ditado: "Dar é sua própria recompensa." Isto certamente é verdade. A sua recompensa por ser generoso e por fazer com que alguém sinta-se bem são os sentimentos calorosos e positivos que invariavelmente acompanham seus esforços. Assim, a partir de hoje, pense em alguém que você gostaria de fazer sentir-se melhor e saboreie suas recompensas.

68
CONCORRA COM O CORAÇÃO

A competição é um fato da vida. Fingir que ela não existe ou evitá-la a todo custo seria ridículo. Sempre gostei de competir. Na infância, eu era o corredor mais rápido na escola e o melhor tenista da Califórnia do Norte da minha faixa de idade. Fui um All-American Athlete no ginásio e depois, na faculdade, ganhei uma bolsa no tênis, onde joguei na primeira posição e me tornei o mais jovem capitão na história da minha equipe. Corri três maratonas, uma delas em três horas.

Quando adulto, meu amor pela competição continuou, não só nos esportes, como também nos negócios. Adoro negociar, comprar barato e vender caro. Orgulho-me de ser criativo e gosto de acreditar que tenho uma queda para o marketing. O mundo editorial é intensamente competitivo. Adoro ver o sucesso dos meus livros, e é divertido ser aplaudido de pé depois de uma palestra. Certamente posso argumentar que se não competisse bem, não estaria ajudando um grande número de pessoas. Então, é importante competir.

Digo essas coisas porque falei com muitas pessoas que acham que sou relaxado demais para competir. Isso não é verdade. Quando sugiro que você concorra de coração, não quero passar a impressão de que não é possível competir de maneira eficiente se você for uma pessoa gentil e menos apegada à vitória. Você pode ter tudo; pode ser um vencedor e ter sucesso financeiro, pode se divertir, competir bastante, mas nunca perca de vista o mais importante — sentir prazer, ser generoso e ir com calma.

Concorrer com o coração significa competir muito mais por amor ao que você faz do que pela necessidade neurótica ou desesperada de alcançar mais e mais. Competir é sua própria recompensa. Você fica completamente imerso no processo, absorvido nos momentos presentes de atividade — o acordo de negócios, a venda, a negociação, a interação ou o que for. Quando compete com o coração, o processo em si oferece a satisfação: vencer é secundário. À medida que é vista dessa maneira mais saudável, sua vida profissional torna-se muito mais fácil. Você joga duro — depois se desapega. Você quica de volta quase no mesmo instante. Você é resistente; é esportivo. Pelo fato de não se apegar a um resultado específico (vencer), você conserva a energia e vê oportunidades ocultas. Não é óbvio que esta atitude de pouco apego seja do seu interesse?

Já foi dito: "Vencer não é tudo, é a única coisa." Para mim, isso é uma rematada bobagem. Esta filosofia deriva do medo de que, se você não estiver obcecado pela vitória, nunca vai vencer. Posso dizer que não sou obcecado pela vitória — nunca fui, nunca serei — mas já ganhei vários prêmios, concursos e finais no primeiro lugar. Também tive sucesso financeiro e fiz alguns investimentos inteligentes. Mas nenhuma das minhas realizações competitivas significaria alguma coisa se não viessem do coração — se eu ficasse tão interessado na competição e no resultado que esquecesse minha humanidade. Assim, para mim, o lema "vencer é tudo" é extremamente incorreto.

"Talvez seja porque estou mais velha agora, mas desde que fiz cinquenta anos, fiquei muito mais tranquila", disse Mary, uma produtora de televisão. "Ao olhar para trás, percebi como fui incrivelmente dura, e como pude ser mesquinha. Rejeitava as pessoas e suas ideias como se fossem fraldas descartáveis. As pessoas deviam me odiar. É estranho, agora sou tão crítica e exigente quanto antes, mas quando tenho de rejeitar alguém o faço com compaixão, sem deixar que a pessoa se sinta pior do que já está. Também gosto mais de mim mesma agora."

Ed trabalhou para uma empresa de biotecnologia durante cinco anos. Parte do seu trabalho era consolidação, corte de custos e ajudar a empresa a "enxugar". Ele me disse algo tão horrível que quase não acreditei. "Detesto admitir isso, mas costumava gostar de despedir pessoas. Eu não achava que era uma pessoa horrível ou algo assim, mas cortar despesas significava mais para mim do que os efeitos que isso gerava nas pessoas envolvidas. Era assim que eu media minha eficácia, e era assim que era julgado. O fato de que essas pessoas estavam com medo e não sabiam o que fazer, ou que tinham três filhos para criar e aluguel para pagar não tinha nenhum efeito sobre mim. Então, certo dia, aconteceu comigo! Sem mais nem menos, fui despedido ou 'dispensado' — como eles colocaram. Tenho certeza de que muitas pessoas ficaram felizes, e acharam que foi merecido. Acho que mereci, sim, mas posso dizer que, por mais doloroso que tenha sido, foi provavelmente a melhor coisa que me aconteceu — abriu meus olhos para minha compaixão. Nunca mais vou tratar as pessoas assim novamente."

Essa atitude temerosa, além de errônea, gera implicações sociais. Competir para vencer só cria maus perdedores e maus vencedores. Mensagem psicológica: a menos que você vença, deve sentir-se horrível. Isto envia uma mensagem prejudicial às crianças e estimula um senso de autoimportância que não só é doentio, mas também feio. Em vez disso, que tal esta mensagem: dê o máximo de si, concorra vigorosamente, aprecie cada momento

— e caso você perca, seja feliz de qualquer modo. Isso é competir com o coração.

Competir com o coração é um dom, não só para você como para aqueles para quem você é um modelo e para o mundo como um todo. Quando você concorre dessa maneira mais saudável e amorosa, consegue o melhor de dois mundos — a conquista e a objetividade.

69
RECUE QUANDO NÃO SOUBER O QUE FAZER

Sem dúvida alguma, esta é uma das mais importantes técnicas mentais que já aprendi. Na verdade, é mais um modo de vida do que uma simples técnica. Ela me tornou mais produtivo e, o que é melhor, definitivamente me ajudou a fazer menos tempestade em copo d'água no trabalho.

É tentador quando você não sabe o que fazer ou quando não tem uma resposta imediata, forçar a questão. Você insiste com mais força, pensa mais rápido, tenta entender as coisas, e luta para chegar a uma solução. Você faz o melhor que pode.

Pelo menos, é isso o que a maioria de nós acha. O problema é: isso geralmente não é "o melhor a ser feito".

Parece irônico, mas muitas vezes, a coisa mais poderosa e produtiva que você pode fazer quando não tem a resposta imediata para um problema é gentilmente recuar seu pensamento, conscientemente se acalmar, se desapegar e fazer menos esforço. Dessa forma, você libera a sua mente e permite que sua inteligência e sabedoria inatas se manifestem. Colocando de outra maneira, quando sentimos pressão e estresse, nossa sabedoria é obstruída. Mas quando tranquilizamos nosso pensamento, ele fica livre para aflorar e nos ajudar. As ideias virão até nós.

A maioria de nós já teve a experiência de (metaforicamente) bater a cabeça contra a parede, lutar para tomar uma decisão ou resolver um problema. É tão complicado e difícil que você simplesmente não sabe o que fazer. Não parece haver uma boa solução. Você fica tão frustrado que acaba desistindo. Alguns minutos (ou horas) depois, você faz algo sem qualquer relação com sua preocupação. Você pensa em alguma outra coisa quando, de repente, uma resposta surge em sua mente. Mas não uma resposta qualquer — uma resposta excelente. "É isso!", você comemora.

Este processo não é uma questão de sorte. A verdade é que nossas mentes ficam mais criativas, voltadas para soluções, inteligentes e receptivas a novas perguntas quando não estamos nos esforçando tanto — quando relaxamos. É difícil aceitar isso porque parece importante se esforçar muito; e realmente é. Só que nem sempre é vantajoso pensar com tanta intensidade. Achamos erroneamente que, quando relaxamos, a mente para de funcionar. Nada poderia ser mais falso. Quando aquietamos a mente, ela continua trabalhando — só que de uma maneira diferente.

Quando a sua mente está ativa, na velocidade máxima, ela tende a girar e fazer círculos. Uma mente superativa muitas vezes repete o mesmo conjunto de fatos, encorajando você a pensar "dentro da caixa". O seu pensamento torna-se repetitivo e habitual porque está revendo o que já sabe ou acredita que seja verdade. Como você está se esforçando demais, usa um bocado de energia, gerando estresse e ansiedade desnecessários. Provavelmente, pode deduzir que uma mente superativa é o ambiente perfeito para tempestades em copo d'água.

Em alguma parte de toda essa agitação de uma mente superativa, a sabedoria e o senso comum se perdem. Essas qualidades invisíveis e geralmente ignoradas são submersas num mar de atividades e você deixa de ver o óbvio. Eu sei que parece estranho que menos esforço seja melhor, mas é realmente verdade. Espero que você experimente essa estratégia, porque tenho certeza de que ela pode ajudar sua vida profissional a ficar muito mais fácil.

70
ADMITA QUE É SUA ESCOLHA

Esta pode ser uma escolha difícil de abraçar. Inúmeras pessoas resistem a ela, mas se você puder aceitá-la, sua vida vai começar a mudar — imediatamente. Você vai começar a sentir-se mais capacitado, menos vitimado, e como se tivesse mais controle da sua vida. Não é pouca coisa para uma simples admissão da verdade.

A admissão a que estou me referindo é a sua escolha de carreira e os problemas que a acompanham. Você tem de admitir que, apesar dos problemas, limitações, obstáculos, expedientes longos, colegas difíceis, aspectos políticos, sacrifícios da sua parte e todo o resto, você está fazendo o que está fazendo por escolha sua.

"Espere um minuto", me disseram muitas vezes, "estou fazendo isso não por escolha, mas porque tenho de fazer. Eu não tenho escolha." Eu sei que pode parecer que é assim. Contudo, se você refletir bem sobre isso, vai começar a ver que, na verdade, é realmente sua escolha.

Quando sugiro que você admita que seu emprego ou sua carreira é escolha sua, não estou dizendo que seus problemas são necessariamente culpa sua, ou que seja realista fazer outras escolhas. O que estou sugerindo é que, em última instância, levando tudo em conta (incluindo a necessidade, escolhas de estilo de vida, necessidades financeiras e a possibilidade de perder sua casa ou mesmo o seu lar), você tomou a decisão de fazer o que está fazendo. Você pesou todas as opções, considerou suas alternativas, estudou as consequências e, depois de tudo, decidiu que a melhor alternativa seria fazer exatamente o que está fazendo.

Chris, que trabalha para uma grande empresa de propaganda, ressentiu-se dessa sugestão. Num tom de voz amargo, ele me disse: "Isso é absolutamente ridículo. Não estou escolhendo trabalhar doze horas por dia nessas campanhas estúpidas; sou forçado a fazê-lo. Se eu não trabalhasse tanto, seria considerado preguiçoso e não iria a lugar nenhum nesse negócio ou no mercado como um todo."

Você pode ver como esse homem se fechou numa cilada? Apesar de ser um executivo financeiro de propaganda esperto e em ascensão, ele se sentia aprisionado e ressentido, uma vítima do "modo como as coisas são". Ele se negava a assumir qualquer responsabilidade por suas escolhas profissionais ou pelo modo como estava trabalhando. O problema é que, quando você acha que está aprisionado e que não está realizando as próprias escolhas, sente-se uma vítima.

Apesar das suas objeções, Chris decidira que valia a pena trabalhar doze horas por dia. A sua decisão era que, levando tudo em conta, preferia continuar na sua posição atual a enfrentar os problemas, riscos e medo de procurar outro emprego, ganhando menos dinheiro, perdendo seu prestígio, perdendo a chance de avançar na carreira, e assim por diante. Não posso dizer se sua decisão foi boa ou não, mas não é óbvio que foi essa a sua escolha?

Megan, uma mãe solteira, tinha um emprego em tempo integral como enfermeira, mas sonhava em ser uma administradora de hospital. Quando a conheci numa noite de autógrafos, ela confessou que passara os últimos oito anos convencida de que era uma vítima. Frequentemente dizia aos outros: "Adoraria realizar meu sonho, mas é impossível — veja só a minha vida."

Apesar das dificuldades reais que ela enfrentava, seu maior obstáculo era a recusa de admitir que sua profissão era uma escolha sua, assim como a decisão de permanecer exatamente onde estava. Tinha acesso a uma boa escola, as notas para ser admitida, e alguns bons amigos que a ajudariam com sua filha. Contudo, nada disso importava, porque ela era uma mãe solteira.

Segundo a maneira como descreveu sua transformação, um dos seus amigos a convenceu a deixar de culpar suas circunstâncias. De algum modo ela prestou atenção, e teve a humildade de assumir a responsabilidade.

Como ela colocou a questão: "No momento em que admiti que fazia as escolhas, tudo se encaixou. Pude entrar para o programa de meio expediente da escola noturna, e já cursei um terço dele. É assustador pensar como eu estava atrapalhando a mim mesma. Percebi que poderia ser mãe solteira pelo resto da minha vida."

De vez em quando, a maioria de nós cai na armadilha de acreditar que as circunstâncias estão totalmente além do nosso controle. Assumir a responsabilidade pelas suas escolhas, contudo, impede que você fique pensando que é um "pobrezinho" e o conduz ao seguinte estado de espírito: "Estou no comando da minha própria vida", fortalecido. Espero que você reflita sobre esta estratégia, porque tenho certeza de que, se o fizer, vai sentir menos estresse e terá muito mais sucesso.

71

ANTES DE FICAR NA DEFENSIVA, PRESTE ATENÇÃO NO QUE ESTÁ SENDO DITO

◇◇◇◇◇◇◇◇◇◇◇◇

E ste é um truque de redução de estresse que aprendi há muitos anos. Basicamente, tudo que essa estratégia exige é tomar a decisão de dar um passo para trás, respirar fundo, relaxar e realmente escutar antes de reagir ou de agir de maneira defensiva. É só isso. Este simples compromisso pode ajudá-lo a deixar de ficar na defensiva.

Reagir de uma maneira defensiva geralmente implica uma reação automática ou instantânea a alguma coisa que está sendo dita. Alguém faz um comentário e você se sente magoado. Alguém oferece uma crítica construtiva e você sente a necessidade de defender-se, seu trabalho, sua honra, ou seu ponto de vista. Então, depois de reagir de maneira defensiva, você continua a pensar no que foi dito ou feito. Pode até replicar com alguma crítica própria, ou entrar em algum tipo de luta pelo poder ou discussão, que geralmente só serve para piorar a situação.

Suponhamos que sua chefe dê uma rápida olhada em alguma coisa na qual você passou meses trabalhando. Você empenhou seus melhores esforços e muitas noites sem dormir nesse projeto; sente orgulho do seu trabalho e espera que os outros também sintam. Contudo, sua chefe faz algum comentário pouco generoso. Ela obviamente não apreciou o resultado dos seus esforços, tampouco está impressionada. Seu comentário é algo como: "Você não poderia ter feito isso de maneira diferente?"

A maioria das pessoas fica irritada, ou mesmo com raiva ou magoada com esse tipo de comentário insensível. E no caso de você não ter notado, muitas pessoas, consequentemente, sentem-se magoadas e na defensiva grande parte do tempo. Seria melhor se todos reagissem favoravelmente a nós e ao nosso trabalho, mas infelizmente não é nesse mundo que vivemos.

Se você aplicar esta estratégia às suas reações, efetivamente criará um amortecedor ou espaço entre o comentário e sua reação defensiva — tempo para recuperar sua compostura e objetividade. O comentário faz sentido? Posso aprender alguma coisa aqui? Ou a pessoa está simplesmente sendo idiota? Quanto mais honestamente você puder avaliar a situação, melhor.

Embora nem sempre seja fácil, certamente é muito útil prestar atenção no que está sendo dito — antes de tornar-se defensivo. Se você o fizer, ficará cada vez menos na defensiva.

72

COMPLETE O MÁXIMO POSSÍVEL DE TAREFAS

◇◇◇◇◇◇◇◇◇◇◇◇◇

Acho que a maioria das pessoas não percebe como é estressante ter tarefas incompletas pendentes em suas mentes. Caso você seja uma dessas pessoas, deixe-me garantir-lhe que é de fato estressante. Gosto de chamar isso da "síndrome do quase pronto". Ela sempre me intrigou porque muitas vezes seria relativamente fácil persistir e completar alguma coisa — não *quase* completar alguma coisa, mas realmente completá-la 100%, e tirá-la do caminho.

Em muitas ocasiões contratei pessoas para fazer tudo desde construir ou reparar algo na casa até fazer um trabalho de edição. A pessoa que contratei era competente, criativa, trabalhadora, hábil e motivada. Contudo, por algum motivo, ela não completava totalmente o trabalho. De fato, *quase* sempre terminava — às vezes chegava aos 99%, mas o resto parecia pairar sobre sua cabeça (e sobre a minha também). Muitas vezes, o último 1% parecia levar tanto tempo quanto os primeiros 99.

Quando você termina completamente um projeto, várias coisas boas acontecem. Primeiro, você fica feliz com a sensação de conclusão. É bom saber que você decidiu fazer algo e que ficou pronto, eliminado do caminho. Completar algo permite que você siga em frente sem a perturbação de alguma coisa pendente em sua cabeça.

Além do óbvio, contudo, existe o respeito que você sente por si mesmo e o que conquista dos outros quando completa alguma coisa. Você disse que ia fazer alguma coisa, e a fez — tudo. Você transmite aos outros que "sou uma pessoa de palavra", "você pode confiar em mim" e "eu sou confiável". E você afirma para si mesmo a seguinte mensagem: "Sou competente e confiável." Isso faz com que as pessoas queiram ajudar você e queiram indicá-lo para negócios e para que tenha sucesso.

Quer você esteja trabalhando para uma empresa, quer para um cliente, é inegável que as pessoas ficarão irritadas se você não completar suas tarefas conforme combinado. Além disso, elas vão pegar no seu pé, reclamando com você e de você. Como isso pode valer o estresse que tão obviamente é criado? Não seria melhor simplesmente planejar antecipadamente e fazer o que for necessário para completar o trabalho — até o fim?

Este é um hábito fácil de mudar. Olhe honestamente para as suas próprias tendências. Se você é alguém que costuma quase terminar alguma coisa, preste atenção na tendência e comprometa-se à conclusão final. Você pode fazer isso — e quando o fizer, a sua vida vai parecer muito mais fácil.

73

PASSE DEZ MINUTOS POR DIA SEM FAZER ABSOLUTAMENTE NADA

◇◇◇◇◇◇◇◇◇◇◇◇

Aposto como já está pensando "eu nunca conseguiria fazer isso", "ele não sabe como estou ocupado", ou "que perda de tempo". Se for esse o caso, fico feliz em dizer que você está errado em todas as opções. A verdade é que compreendo totalmente como você deve estar ocupado, e tenho absoluta certeza de que dez minutos sem fazer absolutamente nada podem ser os dez minutos mais produtivos do dia inteiro.

É precisamente porque você está muito ocupado que passar dez minutos por dia sem fazer nada é uma ideia excelente. Para a maioria de nós, um típico dia de trabalho é como uma corrida de cavalos — no momento em que saímos da cama, a corrida começou. Começamos rápido e aumentamos a velocidade à medida que o dia avança. Corremos para fazer coisas, ser produtivos, resolver problemas e retirar itens da nossa importantíssima lista de "coisas por fazer". Não surpreende que quando acontece o mínimo problema ou quando algo dá errado, desmoronamos e nos sentimos frustrados.

Passar alguns minutos sem fazer nada, parado, abraçando o silêncio, ajuda a impedir que você tenha um colapso; isso faz com que você tenha uma chance de recuperar sua objetividade e o acesso a uma parte tranquila do seu cérebro, onde existe a sabedoria e o senso comum. Quando você fica parado e não faz nada, a sua mente tem a oportunidade de entender as coisas e se acomodar. Ela faz com que o que costuma parecer caótico fique um pouco mais fácil de lidar, e se permite uma chance de descansar e se reagrupar. Surgirão na sua cabeça ideias e soluções de uma maneira que nunca acontece num estado de mente frenético. Quando você acaba de não fazer nada ou de ficar parado, tem a impressão de que a vida vem um pouco mais devagar, o que faz com que tudo pareça um bocado mais fácil e menos estressante.

Um dos executivos mais bem-sucedidos que conheço faz exatamente isso. Todo dia, independentemente de quão ocupado ele esteja, separa um tempo para apreciar alguns minutos de tranquilidade. Percebe que quanto mais ocupado estiver, mais precisa de sossego. Ele me disse brincando: "Meu período de tranquilidade me fez perceber quanta conversa inútil acontece na minha mente, na maior parte bobagens. É óbvio que todo esse barulho impede que eu enxergue o âmago da questão. Alguns minutos sem fazer nada geralmente ajudam a ver através do lixo."

Claramente, existem ocasiões em que tentamos com força demais ou nos movemos muito rápido. Este é o período ideal para pisar no freio e se aquietar. À primeira vista, este conceito pode parecer contraproducente. Contudo, uma das maneiras mais certas e poderosas de conseguir ainda mais sucesso na vida é não fazer absolutamente nada durante alguns minutos por dia. Você não vai acreditar no que vai descobrir.

74
APRENDA A DELEGAR

Por motivos óbvios, aprender a ser um delegador pode facilitar sua vida. Quando você permite que os outros o ajudem, quando acredita e confia neles, fica livre para realizar o que faz melhor.

Descobri, contudo, que muitas pessoas — mesmo aquelas ambiciosas, talentosas e bem-sucedidas — têm dificuldade em delegar. O sentimento é algo como "é melhor que eu faça isso — posso fazer melhor do que qualquer outra pessoa". Existem vários problemas importantes com essa atitude. Em primeiro lugar, ninguém pode fazer todas as coisas ou estar em dois lugares ao mesmo tempo. Mais cedo ou mais tarde, a magnitude da responsabilidade vai pegar você. Como está tão disperso, vai fazer um bocado de coisas, mas a qualidade do seu trabalho será prejudicada. Aprender a delegar ajuda você a resolver esse problema, mantendo-o concentrado naquilo em que é mais qualificado e que você gosta de fazer. Além disso, quando não delega adequadamente, você não permite aos outros o privilégio de demonstrar a você o que podem fazer. Assim, de certo modo, é uma coisa um pouco egoísta.

Jennifer é uma agente de hipoteca num ocupado escritório no centro da cidade. Ironicamente, um dos seus maiores problemas pode ter sido ser talentosa e altamente competente em praticamente tudo! Ela estava tão segura de sua capacidade de realizar tarefas que tinha medo de delegar qualquer autoridade ou responsabilidade. A tarefa podia ser atender chamadas telefônicas, realizar negócios com doadores de empréstimos, comunicações com clientes ou preencher papéis — ela se envolvia com tudo.

Durante algum tempo, ela conseguiu equilibrar as coisas muito bem. Contudo, à medida que os anos foram passando, e seu tempo passou a ser mais solicitado, sua recusa a delegar responsabilidades começou a prejudicá-la; estava cometendo mais erros e ficando cada vez mais frustrada, esquecida e estressada. As pessoas com que trabalhava afirmavam que ela ficara mais irritável e arrogante.

Num seminário projetado para ajudá-la a priorizar de maneira mais eficiente, ficou claro para ela que sua maior fraqueza profissional era sua recusa a delegar e compartilhar responsabilidades. Ela aprendeu o óbvio — que ninguém pode fazer tudo indefinidamente, e continuar fazendo bem.

Quando começou a delegar responsabilidades — coisas pequenas, assim como as mais importantes — começou a ver a luz no fim do túnel. Sua mente se acalmou, e ela começou a relaxar. Ela pôde ver com mais clareza onde seu talento podia ser usado, e onde seu tempo seria melhor investido. Ela me disse: "Voltei a ser como antes."

Quando você delega trabalho, muitas vezes é ajudado, assim como a outra pessoa. Quando você pede ajuda, partilha responsabilidade ou delega autoridade, está dando a alguém uma chance de mostrar a você ou a outra pessoa o que ele pode fazer. No mundo editorial, um editor sênior pode permitir que um editor associado faça parte da edição de um livro específico, mesmo que seja um dos seus autores favoritos. Isto não só libera o tempo do editor sênior como também dá ao editor associado uma chance de mostrar o que ele pode fazer — como pode aprimorar sua carreira. Meus amigos nos mundos judicial e financeiro dizem que a coisa funciona da mesma maneira; sócios em firmas jurídicas delegam um bocado do seu trabalho para advogados mais jovens. Gerentes de empresas fazem o mesmo com seus colegas menos experientes. Sei que um cínico diria: "O único motivo por que pessoas delegam é para passar o trabalho duro e sujo para outros." Bem, é verdade, há muita gente que vê dessa maneira — mas você não precisa fazer isso. A questão é que existem boas razões — além de razões egoístas — para delegar tarefas.

Já vi comissárias de bordo que são mestras em delegar. De alguma maneira, são capazes de fazer com que todos trabalhem numa equipe, facilitando, assim, o trabalho de todo mundo. Já vi outras, no entanto, que insistem em fazer tudo por conta própria. Elas são as mais estressadas, e acabam fazendo os passageiros esperar mais tempo. Eu já vi grandes mestres-cucas delegarem certas tarefas — cortar verduras, por exemplo — não porque não gostem de fazer isso, mas porque permite que eles se concentrem em outros aspectos do preparo da comida, nos quais são excelentes.

Independentemente de você trabalhar num restaurante, escritório, aeroporto, no comércio ou praticamente em qualquer outro lugar, aprender a delegar pode tornar, e tornará, sua vida um pouco mais fácil. Obviamente, existem profissões e posições seletas que não se prestam à delegação. Para um bom número de pessoas, não há maneira de dizer "aqui está, você pode fazer". Se você se inclui nessa categoria, talvez possa praticar em casa. Seu cônjuge ou colega de quarto pode ajudá-lo(a)? Você pode delegar algumas tarefas para os seus filhos? Talvez seja boa ideia contratar alguém para limpar sua casa, trocar o óleo de seu carro, ou fazer outra coisa que consuma tempo? Se você pensar em algumas circunstâncias específicas, provavelmente será capaz de imaginar pelo menos algumas maneiras de tornar-se um delegador melhor. Se o fizer, vai liberar parte do seu tempo e facilitar sua vida.

242

75
FORTALEÇA SUA PRESENÇA

Quer você venda cachorro-quente para o público, quer trabalhe para a IBM, fortalecer sua presença tornará sua experiência de trabalho mais eficiente e apreciável. Isso vai aumentar sua empatia e conexão com os outros, sua concentração, e dirimir seu estresse.

A presença é uma qualidade mágica que é difícil de definir. Na verdade, é mais fácil descrever a sua ausência. Em outras palavras, em geral é possível dizer rapidamente a diferença entre alguém que tem presença e alguém que não a tem. Uma pessoa com uma presença poderosa é chamada de carismática e magnânima — as pessoas são atraídas para a sua energia.

Ter uma presença forte não significa necessariamente ser extrovertido, embora você até possa ser. É mais uma questão de estar centrado em si mesmo, satisfeito com quem você é, e completamente absorvido no momento presente. Quando você tem uma presença forte, as pessoas com quem se relaciona sentem que você realmente está "bem ali" com elas, totalmente presente. A sua mente não está voando por aí. Em vez disso, você está concentrado no que está acontecendo e realmente escuta o que está sendo dito. Toda a sua energia é canalizada para a pessoa que está conversando com você.

Grande parte do estresse que experimentamos tem a ver com nossas mentes estarem em muitos lugares ao mesmo tempo. Fazemos uma coisa, mas estamos preocupados com uma dúzia de outras. Fomos distraídos por nossos próprios pensamentos, preocupações e cuidados. Estar presente elimina nosso estresse porque nossas mentes se dirigem ao momento particular, estão totalmente atentas à tarefa presente. Começamos a operar num ótimo ritmo mental, com uma concentração quase perfeita. Muito embora estejamos trabalhando de uma maneira mais inteligente e eficiente, nos tornamos mais calmos e relaxados.

Nosso estresse também é reduzido pela alegria maior que experimentamos. É difícil sentir satisfação genuína quando sua mente está ocupada demais, espalhada aqui e ali, pensando em três ou quatro coisas ao mesmo tempo. Contudo, quando ela está concentrada e você totalmente presente e envolvido, seu mundo ganha vida. Todos os dias, as experiências comuns são vistas sob uma nova luz e, em muitos casos, começam a parecer bastante extraordinárias. Pense em seus hobbies. Não há nada intrinsecamente animador em observar pássaros, costurar ou consertar o carro. Contudo, quando você está totalmente presente, essas atividades e muitas outras ganham vida — elas se tornam fontes genuínas de satisfação. Quando você está totalmente presente, algo tão simples quanto ler um livro pode tornar-se, por um momento, a parte mais interessante da sua vida. Você se perde na sua história. Contudo, quando você carece de foco, o mesmo livro pode parecer tedioso e insignificante.

Quando você marca presença com os outros, eles são atraídos por você. Eles relaxam ao seu redor e saem da defensiva; apreciam sua companhia e notam sua sinceridade; sentem-se importantes quando estão com você. Eles querem fazer negócios com você e ver o seu sucesso; são altamente cooperativos e raramente competitivos. Respeitam seus limites e desejos, e escutam o que você tem a dizer. A presença torna todas as interações mais interessantes, já que cada conversa é uma fonte potencial de alegria. Na ausência da presença, tudo isso desaparece. As interações tornam-se habituais, sem vida e tediosas.

Às vezes você encontra alguém e pensa consigo mesmo: "Há algo de especial naquela pessoa. Não sei dizer exatamente o que é, mas há algo ali." Muitas vezes aquele "algo" é a presença.

A maneira de fortalecer sua presença é compreender seu valor. Faça um esforço contínuo para impedir sua mente de divagar. Quando estiver com alguém, esteja *com* aquela pessoa. Quando sua mente se distrair, gentilmente traga-a de volta. Tente ter mais presença, veja isso como uma meta valiosa, e ela vai aparecer em sua vida. Uma vez que você tenha experimentado seu valor — e sentido os efeitos — não há caminho de volta. Você terá sido fisgado.

76
APRENDA A DIZER NÃO SEM CULPA

Uma das maneiras pelas quais muitos de nós costumamos nos meter em encrencas é nos comprometermos com coisas demais: deixamos de dizer não. Dizemos "claro, vou fazer isso," ou "tudo bem, vou tomar conta disso", quando bem no fundo sabemos que realmente não queremos fazê-lo, ou que já temos coisas demais para fazer.

O problema em relação a dizer sempre sim é duplo. Em primeiro lugar, o resultado final é quase sempre sentir-se sobrecarregado, estressado e cansado. Simplesmente existe um momento de dar um basta, um ponto de retorno diminuído em que nossa atitude, nosso espírito e até mesmo nossa produtividade começam a sofrer. Nosso trabalho sofre, assim como nossa vida pessoal e familiar. Dizendo sim inúmeras vezes, começamos a nos sentir vitimados e ressentidos por termos tanta coisa a fazer. Como tendemos a nos sentir culpados quando dizemos não, muitas vezes é difícil ver que fomos *nós* que nos metemos nessa confusão ao deixarmos de dizer não com mais frequência.

O segundo maior problema em deixar de dizer não quando apropriado é que você acaba manifestando uma atitude ligeiramente insincera. Em outras palavras, você está fazendo coisas que realmente não queria estar fazendo ou que não deveria estar fazendo — mas está agindo como se tudo estivesse bem. Por exemplo, você vai concordar em executar uma tarefa ou trocar turnos com um colega dizendo "oh, tudo bem", quando o que realmente precisa é de um dia de folga. Então, como você não conseguiu o descanso necessário, sente-se vitimado pela sua agenda sobrecarregada ou zangado quando tantas pessoas pedem favores a você! Mais uma vez, você desempenhou um papel-chave na criação do seu próprio estresse, mas acredita que o estresse é causado por forças externas, ou que é inevitável.

Dizer não sem culpa não é egoísmo — é uma necessidade protetora. Se alguém disser a você "posso ter o ar que você respira?", provavelmente vai questionar sua sanidade. Você certamente não sentiria culpa ao dizer não. Contudo, se alguém diz: "Posso pedir que você faça algo por mim?", algo que irá levá-lo ao seu extremo e fazer com que se sinta estressado ou ressentido, muitas vezes você vai concordar, por hábito, obrigação ou simplesmente por culpa. A pessoa provavelmente não colocou a questão dessa maneira, mas na verdade, é exatamente isso que está sendo pedido.

Obviamente, existem muitas ocasiões em que não podemos dizer não, e muitas outras nas quais é do nosso interesse dizer sim ou simplesmente queremos dizer sim. Ótimo! O truque é usar sua sabedoria, em vez de reações intempestivas, para decidir quando dizer sim ou quando dizer não. A chave é refletir bem e perguntar a si mesmo: "Levando tudo em conta — isto é, os sentimentos e necessidades da pessoa que faz o pedido, a necessidade de dizer sim e, mais importante de tudo, minha própria sanidade, é do meu interesse dizer sim, ou não há problema em recusar?" Acho que você vai descobrir que, vendo as coisas sob esta perspectiva, existem provavelmente muitos casos em que é perfeitamente correto dizer não.

77
TIRE SUAS PRÓXIMAS FÉRIAS EM CASA

Esta é uma estratégia que comecei a usar há alguns anos. Para ser honesto, nas primeiras vezes que tentei fazer isso, tive certeza de que estaria desistindo de alguma coisa — diversão, relaxamento, "minha grande chance de dar o fora" — e que eu terminaria desapontado. Contudo, posso honestamente dizer que sempre que fiquei em casa nas férias, me senti realmente feliz por fazê-lo. Nunca me arrependi dessa decisão.

A maioria das pessoas antecipa ansiosamente as suas férias. Elas geralmente são maravilhosas, merecidas e quase sempre necessárias. Contudo, férias que são idealmente projetadas para serem relaxantes, rejuvenescedoras e fortalecedoras podem eventualmente trazer mais estresse do que eliminá-lo. Aqui está um caso possível: você finalmente tira uma semana de folga. Já planejou uma ótima viagem, mas ainda precisa fazer tudo o que é necessário para partir. Você corre para fazer as malas e cuidar de todas as pontas soltas e detalhes variados. Fica exausto. Parece que não teve uma chance de ficar sentado durante semanas. Mas lá está você, correndo para pegar outro avião, ou se apressando para evitar o trânsito. De certo modo, parece que você está *se apressando para poder desacelerar*. Você quer aproveitar ao máximo suas férias, então só vai voltar na próxima noite de domingo — para que possa começar a trabalhar novamente no início da próxima semana. Mesmo antes de viajar, você sabe que vai ser difícil voltar.

Parte de você está ansiosa para ir embora, porque sabe que vai se divertir e sair da rotina normal — mas a outra parte adoraria a chance de ficar em casa, se deitar para ler um ótimo livro, começar aquele programa de ginástica ou de ioga, ou talvez fazer uma viagem de dois dias, mais curta contudo mais relaxante, a um lugar mais próximo. Mas tudo isso vai ter de esperar, porque você vai sair de férias.

Infelizmente, aquela sua outra parte — a parte que adora desligar o telefone, brincar com as crianças, limpar o armário, evitar multidões, ler um livro, correr ou caminhar pelo parque local, cuidar do jardim — raramente, ou nunca, tem a chance de ser satisfeita. A sua vida normal o deixa ocupado demais, ou então você está de férias viajando para longe de casa.

Kris e eu tivemos férias excelentes em casa vários anos atrás. Concordamos que era proibido trabalhar — sequer durante um minuto daquela semana. Nenhum telefonema relacionado com trabalho seria feito ou respondido — exatamente como se estivéssemos de férias. Na verdade, para nós (e para todas as outras pessoas) *estávamos* de férias. Desligamos o telefone.

Contratamos uma babá (a favorita das crianças, para que elas pudessem se divertir) para brincar com as crianças toda manhã durante algumas horas enquanto corríamos juntos, fazíamos ioga, ou saíamos para tomar o café da manhã. Realizamos vários pequenos projetos caseiros que queríamos fazer há anos. Trabalhamos no jardim. Sentamos sob o sol e lemos. Foi maravilhoso. Nas tardes, a família toda fazia algo bem divertido — passear, nadar ou brincar de esconde-esconde. Um dia, contratamos uma massoterapeuta para que massageasse nossas costas, e toda noite íamos jantar num lugar diferente. Contratamos uma faxineira para nos ajudar com a limpeza e lavar as roupas, como se estivéssemos num hotel. Vimos vários filmes excelentes e dormimos em casa todos os dias. Foi como ter nove domingos num hotel excelente — por uma bagatela!

As crianças acharam o máximo, e nós também. Finalmente parecia que tínhamos tido a chance de realmente curtir nosso lar como uma família. As crianças foram capazes de estar com seus pais sem correria, em casa. (Que ideia maravilhosa!) Fiquei mais relaxado e descansado do que depois de qualquer outra viagem de férias. E foi muito mais fácil, não só para planejar, mas para voltar ao ritmo das coisas no fim das férias sem atrasos de viagem, sem malas perdidas e sem o cansaço de viajar com os filhos. Já que consideramos aquela semana como férias, vivemos como a realeza — massagens, restaurantes, uma faxineira —, mas gastamos uma fração do que teríamos gasto voando ou mesmo dirigindo para férias exóticas ou em algum hotel de luxo. Mas acima de tudo, foi realmente especial. Percebemos que nos esforçamos tanto para ter uma casa e cuidar dela — mas que é tão raro apreciá-la sem estar com pressa.

Não estou aconselhando que você substitua todas as férias tradicionais. Adoro viajar, e acho que você também. Contudo, posso dizer que esta é uma maneira excelente de relaxar, assim como uma chance de fazer as coisas que você quase nunca faz em casa ou perto dela, gastando muito pouco dinheiro. Olhando para meu calendário, posso ver que teremos outra dessas férias caseiras muito em breve. Mal posso esperar.

78

NÃO DEIXE SEUS COLEGAS NEGATIVOS DEPRIMIREM VOCÊ

Independentemente de onde você trabalha ou da sua profissão, é quase inevitável que você tenha de lidar com uma parcela de pessoas negativas. Algumas dessas pessoas têm atitudes ruins, outras podem ser cínicas ou passivo-agressivas, e algumas provavelmente serão absolutamente raivosas.

Aprender a lidar com pessoas negativas é uma verdadeira forma de arte, mas posso dizer, com absoluta certeza, que vale a pena. Considere suas opções: se você não aprender os segredos para lidar de maneira eficaz com essas pessoas, certamente haverá ocasiões em que elas o derrubarão. A negatividade delas vai passar para você, e você vai acabar desencorajado, frustrado ou até mesmo deprimido. Se não fizer o que é necessário para lidar com habilidade com pessoas negativas, pode acabar ficando cínico e negativo.

Você pode chegar a um ponto em que pessoas negativas raramente, ou nunca, derrubarão você. Acredito que a melhor maneira de começar é aumentar seu nível de compaixão. É fundamental conseguir ver a inocência, compreender que quando alguém é negativo, não conseguiu realizar algo ou é de algum modo infeliz. Na maioria dos casos, eles não estão fazendo isso de propósito. Assim como você, eles prefeririam sentir contentamento e alegria; só não sabem como.

O entusiasmo é nosso estado de ser mais natural. Em outras palavras, é natural sentir-se animado, positivo, criativo, interessado e estimulado pelo trabalho que escolhemos realizar. Quando esta qualidade está ausente, algo está errado. Assim, quando alguém regularmente manifesta a negatividade, é quase certo que algo esteja faltando na vida daquela pessoa. A sua atitude e comportamento negativos derivam de uma carência, uma sensação de que algo está errado ou fora do lugar.

Um dos motivos por que a negatividade tende a nos deprimir é que a levamos pessoalmente ou sentimos que somos, de algum modo, responsáveis. Porém, quando ela é vista com compaixão, é fácil perceber que geralmente não é direcionada para nós, mesmo que pareça ser. Tampouco é culpa nossa.

Tente imaginar (ou lembrar) como é horrível sentir-se negativo e sem entusiasmo. Quando o fizer, vai ficar claro que uma pessoa negativa sente que se tivesse alguma alternativa realista, não estaria se comportando de maneira negativa. Ela certamente não está fazendo isso de propósito ou porque acha divertido.

Geralmente, só uma entre duas possibilidades se realizará quando duas pessoas se comunicam ou trabalham juntas. Ou a pessoa mais negativa vai desanimar a pessoa mais positiva, ou a pessoa mais positiva vai, de algum modo, levantar o ânimo da outra. A melhor chance de distanciar-se dos efeitos da negatividade é permanecer entusiasmado e, portanto, fazer parte da solução em vez de contribuir para o problema. Em vez de concentrar-se em como é difícil ficar perto de uma pessoa negativa, ou de analisar excessivamente os motivos por que essa pessoa é do modo que é, tente ficar genuinamente entusiasmada com seu trabalho e com sua vida em geral. Muito provavelmente, você terá um efeito significativo sobre a pessoa negativa com quem trabalha. Mas, mesmo que não tenha, certamente será menos afetado pela sua influência negativa.

79
APROVEITE AO MÁXIMO UMA POSIÇÃO "NÃO CRIATIVA"

Sinto-me compelido a incluir esta estratégia porque conversei com muitas pessoas nos últimos anos que reclamam da sua posição "não criativa" ou desejam um trabalho mais interessante.

Mas na verdade, você tem uma escolha em relação a qualquer trabalho que possa considerar sem criatividade. Você pode detestar cada dia, contar os minutos, lembrar-se repetidas vezes de como seu trabalho é tedioso, reclamar e lamentar-se e desejar que fosse diferente. Ou então pode lembrar a si mesmo que "é assim e pronto", e seguir adiante e aproveitar ao máximo a situação. Você pode sorrir, ficar entusiasmado e ter uma atitude positiva; pode encontrar maneiras de tornar o trabalho o mais interessante possível. Você trabalhará durante o mesmo número de horas, de qualquer modo. No período de um ano, provavelmente terá trabalhado duas mil horas, talvez até mais.

Eventualmente, conheço alguém que diz "sei, você não conhece meu trabalho", significando, naturalmente, que este conselho não se aplica a todas as situações. Discordo. Na verdade, você sempre pode escolher aproveitar ao máximo uma situação ou não.

Há uma história que adoro, sobre dois pedreiros que foram entrevistados por um repórter. O repórter perguntou ao primeiro operário como passava seu dia. Ele replicou ressentido: "Passo horas sob o sol quente pegando aqueles tijolos estúpidos e colocando um em cima do outro. Deixe-me em paz."

O repórter virou-se para o segundo operário e fez a mesma pergunta. A sua resposta foi bastante diferente. Ele disse num tom agradecido e entusiasmado: "Eu pego estes simples tijolos e os transformo em belas estruturas. Sem pessoas como eu, não haveria edifícios nem economia." A moral da história é que, naturalmente, os dois trabalhadores estão corretos — dependendo do ponto de vista. Conheci cobradores de pedágio que me disseram que seu trabalho não é pegar o dinheiro das pessoas, mas ver quantas pessoas eles podem fazer sorrir. Já vi vendedores de pipocas e doces que entretêm seus fregueses tanto quanto os jogadores profissionais, sempre sorrindo e transmitindo uma atitude positiva.

Descobri que as pessoas que abordam o trabalho com esta atitude positiva são quase sempre as que mais gostam do seu trabalho — e geralmente as que são promovidas mais rápido se o desejarem. A sua atitude é leve e relaxante para elas mesmas, e inspiradora e contagiosa para os outros.

Os clientes, assim como os colegas, adoram esse tipo de gente. Elas tendem a usar seu almoço e outras pausas para estudar, aprender coisas novas ou refletir sobre seus sonhos e como vão alcançá-los. Elas nunca se sentem vitimadas, quase sempre buscam conselhos com especialistas, e estão dispostas a escutar a voz da experiência. Em todo o sentido da palavra, elas sabem que "é assim e pronto", e definitivamente aproveitam a situação ao máximo. Se você está habituado a pensar que só certos trabalhos e carreiras podem ser divertidos, pense mais um pouco. Quando você tira o melhor de uma situação, quase tudo pode ser "criativo".

80
FIQUE PRÓXIMO AO SEU CENTRO

Estar centrado é crucial para ter-se uma vida satisfatória, produtiva e eficiente. É uma qualidade que a maioria das pessoas admira e a que pode aspirar; é uma qualidade que tento alimentar desde que me entendo por gente, e continua sendo uma das minhas prioridades. Não há dúvida na minha mente de que qualquer sucesso e felicidade que eu tenha alcançado é um resultado direto dessa qualidade. E quando olho para trás, fica claro que a maioria dos meus problemas, fracassos e erros foi resultante da perda do meu centro e equilíbrio.

Seu centro é um sentimento de calma e inspiração. Quando você está centrado, tem a sensação de que está fluindo, no alvo e no caminho certo. Você vai ter a sensação de que está nos trilhos, de que poderá resolver as coisas e fazer seu trabalho. Apesar de quaisquer dificuldades aparentes, vai sentir-se confiante, entusiasmado e controlado. Você será capaz de permanecer calmo e centrado no olho do furacão. Mesmo quando não estiver realizando um esforço tremendo, terá um saudável fluxo de ideias organizadas e criativas. Coisas pequenas não o incomodam.

Por outro lado, quando você está descentrado, sente-se assustado, disperso, agitado e estressado. Você tende a entrar em pânico e a pensar no pior; sente-se pressionado e desequilibrado, como se não houvesse tempo o bastante. Estar descentrado traz sentimentos de incômodo e frenesi. Há uma falta de concentração, e você está fora do fluxo. Fica distraído, estressado, e com uma tendência maior a cometer erros. Praticamente tudo incomoda você.

Você pode pensar no seu centro como um quartel-general, como sua maneira mais natural de ser. Seu centro foi construído na sua psique, da mesma maneira que há uma temperatura ideal programada no seu corpo. Nos dois casos, você pode sair dos trilhos, mas o seu instinto natural é voltar para casa. Como esse é seu estado psíquico mais natural, não há nada que você precise fazer para chegar lá. É antes uma questão de saber o que não fazer. Em outras palavras, na ausência de uma mente ocupada e distraída, este é um estado de espírito em que você estaria na maior parte do tempo, o sentimento para onde retornaria sempre. Portanto, para voltar ao seu centro, tudo o que precisa fazer é desapegar-se do seu pensamento estressante e limpar sua mente. O resto cuida de si mesmo.

Ficar próximo ao seu centro não é tão difícil quanto se poderia imaginar; implica prestar atenção aos seus sentimentos e, com tranquilidade, voltar quando começar a se desviar. Por exemplo, você pode estar trabalhando num projeto quando sua atenção começa a se voltar para o futuro, antecipando o prazo final. Você começa a imaginar as várias respostas ao seu trabalho. Pode pensar com seus botões: "Aposto que ela não vai aprovar ou apreciar o que fiz."

Se prestar atenção nos sentimentos que acompanham esses pensamentos, provavelmente vai notar que começou a ficar tenso e estressado. Em momentos assim, você está se afastando do seu centro para o caos e estresse interiores.

Você está numa bifurcação importante na estrada. Se continuar nessa trilha de pensamentos, provavelmente continuará a sentir-se agitado, pressionado e talvez até mesmo ressentido.

Mas se observar o que está acontecendo, vai perceber que pode optar por recuar o pensamento por um instante para recuperar o controle e voltar a se aproximar do seu centro.

A sabedoria de que você precisa está programada no seu centro para colocar as probabilidades ao seu favor, a fim de alcançar suas metas. Em outras palavras, o fato de você não estar ficando histérico não significa que você não vá cumprir seu prazo e realizar um trabalho excelente. Ao contrário, como você está centrado e concentrado, vai fazer um trabalho melhor em muito menos tempo.

Não há dúvida de que permanecer perto do seu centro é do seu interesse. Aconselho você a explorar essa ideia, trabalhar com ela e saborear suas recompensas.

81

PERDOE A SI MESMO; VOCÊ É HUMANO

Anteriormente eu mencionei a citação: "Errar é humano, perdoar é divino." Poderíamos inserir as palavras "a si mesmo" nesta observação tão verdadeira sobre o ser humano. Vamos encarar a verdade: somos todos humanos, e ser humano significa cometer erros, pelo menos durante parte do tempo. Você vai cometer muitos erros, pisar na bola de vez em quando, desviar-se do caminho, esquecer coisas, perder a paciência, dizer coisas que não deveria, e todo o resto. Nunca compreendi por que este fato simples da vida — nossa tendência para cometer erros — é tão surpreendente ou desapontador para as pessoas. Certamente não compreendo por que é um problema tão grande.

Para mim, um dos mais tristes erros que cometemos é a falta de capacidade para perdoar, especialmente a nós mesmos. Constantemente nos recordamos das nossas falhas e erros anteriores; prevemos erros futuros. Somos altamente críticos de nós mesmos, frequentemente desapontados, e impiedosos na nossa autocrítica. Perseguimos e nos culpamos, e muitas vezes somos nossos piores inimigos.

Parece que não perdoar a si mesmo é algo tolo e ridículo. A vida não vem com um manual à prova de erros. A maioria de nós tenta fazer o melhor que pode — de verdade. Mas não somos perfeitos. A verdade é que somos um trabalho em andamento. Aprendemos com nossos erros e tropeços. O melhor que qualquer um de nós pode fazer num dado momento é lidar com as situações à medida que elas aparecem, fazer o melhor possível. Porém, nenhum de nós, pelo menos eu, dominou a vida.

Tenho certeza de que um dos motivos pelos quais sou feliz é ser muito tolerante com meus erros. Alguém recentemente me perguntou como aprendi a ser tão generoso comigo mesmo. Minha resposta foi: "Como cometi muitos erros, tive um bocado de prática." Ela riu, mas é mesmo verdade — tive um bocado de prática! Posso garantir, contudo, que meus erros não são intencionais. Verdadeiramente faço o melhor que posso. Minha ética de trabalho, assim como meu padrão de excelência, são tão altos quanto os da maioria das pessoas. Assim, a minha atitude tolerante para comigo mesmo não tem nada a ver com algum tipo de apatia ou diminuição dos padrões. É mais uma questão de ser realista. Como quase todo mundo, tenho uma infinidade de responsabilidades. Na verdade, geralmente parece que estou fazendo malabarismo com dez ou vinte bolas no ar simultaneamente. Assim, achar que nunca cometerei erros é absurdo.

Você pode sentir como ver os erros dessa maneira mais realista o redime? Em outras palavras, quando comete um erro — mesmo que seja um erro estúpido — esta perspectiva mais filosófica permite que você mantenha a objetividade e o senso de humor, em vez de ficar se punindo. Em vez de dizer para si mesmo "que idiota", será capaz de dizer "mais provas de que sou humano".

Jack é um agente de uma grande instituição financeira. Cerca de uma década atrás, um cliente pediu especificamente que ele investisse as economias da sua vida nas ações de uma pequena empresa chamada Intel! Jack, conservador por natureza, convenceu seu cliente de que nunca é boa ideia investir em ações individuais, mesmo com a idade relativamente jovem do cliente — 45 anos. Jack achou que seria melhor colocar todo o dinheiro em fundos mútuos.

Obviamente, neste caso específico, o conselho de Jack custou ao seu cliente uma fortuna. Jack dera o mesmo conselho a algumas pessoas, e ficou desesperado e autodestrutivo. Perdeu a autoconfiança, e finalmente mudou de carreira. Tudo isso porque ele não pôde perdoar a si mesmo. Seus amigos, colegas, até mesmo seus clientes, tentaram convencê-lo de que seu julgamento e raciocínio na época eram sólidos — e que a grande maioria de seus clientes tinha ficado excepcionalmente bem. Ele deveria sentir orgulho. Mas quando alguém é incapaz de perdoar a si mesmo, a lógica não costuma ser recebida de mente aberta.

Felizmente, em algum momento, ele encontrou um bom terapeuta que lhe ensinou o óbvio — que tudo é muito mais claro quando olhamos para trás e que ninguém possui uma bola de cristal. Finalmente, ele foi capaz de perdoar a si mesmo e de voltar à carreira que adorava — planejamento financeiro.

Obviamente, alguns erros são grandes. Um erro de controle de tráfego aéreo ou um movimento errado cometido por um cirurgião podem ser mortais. Todavia, a grande maioria dos erros que cometemos não são caso de vida ou morte; não são nada mais do que "tempestade em copo d'água" disfarçados de "coisa séria". É verdade que até erros pequenos podem causar inconveniências, conflitos ou trabalho extra — e, como no exemplo anterior, podem custar caro — mas qual é a novidade? Quando foi que a vida subitamente tornou-se conveniente e livre de problemas?

Embora ninguém goste de cometer erros, há algo muito libertador em aprender a aceitá-los — realmente aceitá-los como uma parte inevitável da vida. Quando o fazemos, podemos perdoar a nós mesmos, apagando assim o estresse que geralmente resulta de perseguir a si próprio. Portanto, a minha sugestão é simples. Perdoe a si mesmo; você é humano.

82
COLOQUE SUA MENTE NO PONTO NEUTRO

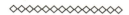

Uma das primeiras observações que realizei quando aprendi a meditar foi que a minha vida parecia se acalmar. Embora eu tivesse a mesma quantidade de coisas para fazer, as mesmas responsabilidades e problemas idênticos para resolver, parecia que tinha mais tempo, o que tornava minha vida profissional mais fácil e apreciável. Ainda estou cercado pelo caos, mas não sou tão adversamente afetado por ele.

Embora a meditação não seja para todos, existe um substituto razoável que pode ser tremendamente útil para qualquer um que deseje tornar-se mais calmo, menos reativo e mais pacífico. Ele implica colocar a mente no ponto neutro, que poderia ser considerado uma forma de "meditação ativa". Em outras palavras, ao contrário de algumas formas de meditação tradicional em que a pessoa fica sentada, fecha os olhos e concentra-se na respiração, a meditação ativa é algo que pode ser incorporado à vida diária. A verdade é que existem determinados momentos em que você já se envolve nesse processo, mas como não parece ser nada de mais, você provavelmente os considera insignificantes. Portanto, você nunca aprendeu a usar seu poder.

Basicamente, colocar sua mente no ponto neutro significa limpar a mente do pensamento focalizado. Em vez de pensar ativamente, sua mente entra num estado mais passivo ou relaxado. Quando ela está no ponto neutro, sua experiência do pensamento flui sem esforço, mas completamente sensível ao que quer que esteja acontecendo no momento. Grandes professores, por exemplo, ou oradores públicos, muitas vezes descrevem essas ocasiões como "estar ligado" ou "estar em fluxo", quando seu pensamento está muito relaxado, quando não estão forçando a questão.

Sempre escrevo melhor quando minha mente está no ponto neutro, quando não estou "tentando". Quando limpo minha mente, é quase como se a escrita se realizasse sozinha. Em vez de buscar ativamente ideias, os pensamentos de que preciso e as melhores maneiras de expressá-los vêm até mim ou "através de mim". Você pode notar que, quando se lembra subitamente de um número de telefone importante, ou de uma combinação esquecida, ou quando subitamente tem uma ideia que resolve um problema, ou quando lembra onde colocou suas chaves, é geralmente o "pensamento neutro" relaxado que oferece a compreensão ou um súbito impulso da memória. Você terá um momento de "é isso!". Em ocasiões como essa, quanto mais você tentar, menos será alcançado. É a qualidade sem esforço que é tão importante e útil. Quando você começa a tentar ou a focalizar seu pensamento, volta para um raciocínio mais normal ou analítico.

O motivo pelo qual a maioria das pessoas não usa conscientemente o pensamento neutro é que elas não reconhecem seu poder, nem o consideram uma forma de pensamento, mas é. Ele é deixado de lado, raramente utilizado e quase sempre ignorado. Contudo, embora seja relaxante e elimine o estresse, é também muito poderoso. Quando sua mente está no ponto neutro, os pensamentos parecem vir do nada. Novas ideias e insights tornam-se um modo de vida porque a sua mente, quando está relaxada, fica aberta e receptiva à sua sabedoria e grandeza única.

Obviamente, existem ocasiões em que é inadequado ou pouco prático colocar sua mente no ponto neutro. Quando a tarefa exige a concentração focalizada, ou quando você aprende algo novo, muitas vezes é melhor pensar de um modo mais tradicional, analítico. Porém, você vai ficar impressionado com o poder deste processo — e como sua vida vai ficar mais fácil quando você aprender a incorporar o pensamento neutro à sua vida cotidiana. Sempre que estiver altamente estressado ou achar que está gastando muita energia mental, é uma boa ideia parar e decidir se um pouco de pensamento neutro não é exatamente aquilo de que você precisa. Você pode usar o pensamento neutro como uma ferramenta redutora de estresse, como uma maneira de relaxar, ou para aumentar sua criatividade. As aplicações são praticamente ilimitadas.

Colocar sua mente no ponto neutro é surpreendentemente simples. Você só pode estar usando um modo de pensamento ou o outro — neutro ou ativo. Como num walkie-talkie, você "fala" ou "escuta", mas nunca as duas coisas ao mesmo tempo. Assim, quando você deixa de lado o pensamento analítico, sua mente automaticamente passa para o pensamento neutro. Uma vez que você tenha aceitado o pensamento neutro como uma forma viável de pensamento, o resto é fácil. Espero que experimente recuar seu pensamento e aquietar sua mente. Logo você vai ficar mais relaxado do que poderia imaginar.

83

PERCEBA A FREQUÊNCIA COM QUE AS COISAS DÃO CERTO

◇◇◇◇◇◇◇◇◇◇◇◇

S e você casualmente ouvisse uma conversa e levasse o que escutou a sério, seria fácil acreditar que nada dá certo! O foco de muitas conversas limita-se ou pelo menos inclina-se aos problemas do dia, aos males da sociedade, aos obstáculos, injustiças e chateações do trabalho. A ênfase é quase sempre negativa ou naquilo que está errado. Há muita discussão sobre o que está errado com outras pessoas, colegas, consumidores, investidores, clientes e tudo mais. O ambiente de trabalho é criticado, e nada é bom o bastante.

Mas você já parou para pensar sobre a frequência com que as coisas dão certo? É impressionante. Literalmente milhares de eventos — relacionados com o trabalho ou não — dão certo todos os dias, sem nenhum problema. Tudo, desde a vasta maioria dos telefonemas que são respondidos e reservas que são respeitadas, até viagem e segurança alimentar, dependência de várias formas de tecnologia, tetos sem goteiras, a competência dos colegas, a interdependência dos horários, até o fato de a maioria das pessoas ser amigável — tanta coisa dá certo. E em geral, achamos que isso é natural. Seja qual for o motivo, escolhemos nos concentrar em algumas exceções. Talvez acreditemos que mais coisas darão certo se nos concentrarmos no que há de errado. Por outro lado, muitas pessoas temem que, caso tornem-se mais tolerantes com a imperfeição, mais coisas acabarão dando errado — o que não é verdade.

Eu voo um bocado e escuto muitas reclamações sobre viagens aéreas. É verdade que já tive algumas experiências horríveis relacionadas com atrasos, voos cancelados, bagagens extraviadas, excesso de passageiros, reservas perdidas e outros problemas. Contudo, a porcentagem de vezes em que consigo ir até onde preciso, pontualmente ou quase pontualmente, é impressionante. Dada a enorme quantidade de volume de tráfego, horários apertados, condições meteorológicas e dependência da tecnologia, isto é verdadeiramente notável. Por exemplo, posso acordar na Califórnia do Norte e antes do jantar estar seguro em Nova York, com a bagagem nas minhas mãos — a maior parte do tempo. Acho que porcentagens similares de boa sorte são verdadeiras para a maioria dos viajantes a negócios.

Contudo, você já ouviu alguém falando bem das linhas aéreas? Em caso afirmativo, estou certo de que foi uma exceção em vez da regra. Diante de um atraso, somos muito mais inclinados a ficar zangados e frustrados, talvez até mesmo levando a coisa para o lado pessoal, do que a lembrar que todos os envolvidos estão fazendo o melhor que podem, e que atrasos eventuais são inevitáveis. A mesma falta de perspectiva parece ser verdadeira para muitos aspectos dos negócios diários. Uma grande porcentagem das pessoas é amigável, prestativa e cortês. Todavia, o que escutamos é sobre a pequena porcentagem que é rude, insensível ou incompetente. Uma pessoa pode ter doze tarefas para cumprir num dia. Onze delas ocorrem sem problemas; a outra é discutida no jantar.

Não vou ignorar o fato de que existem problemas a serem resolvidos; quase sempre existem. Do mesmo modo, a maioria de nós precisa encarar sua parcela de irritações, desapontamentos, incompetência e rejeição. Tudo faz parte de trabalhar para viver. Mas parece que ficamos tão acostumados com as coisas indo bem que esperamos uma quase perfeição. Quando não a conseguimos, ficamos loucos.

Acho que é sábio manter pelo menos um pouco de objetividade. Quando me lembro da frequência com que as coisas realmente dão certo, isso de fato me ajuda a lidar com as coisas que dão errado. Isso permite aceitar que de fato "coisas acontecem", pessoas cometem erros, a Mãe Natureza faz o que quer, e as coisas, às vezes, dão errado. O que há de novo? Quando me concentro na frequência com que as coisas dão certo, meus olhos se abrem para o quadro maior e deixo de fazer tempestade em copo d'água. Acho que o mesmo também pode acontecer com você.

84

FAÇA AS PAZES COM O CAOS

Uma das minhas citações "objetivas" favoritas é de Wallace Stegner. Ela ajudou imensamente nos meus esforços de ver as coisas objetivamente. Ela diz: "Caos é a lei da natureza. Ordem é o sonho do homem." Lembrar-me destas palavras trouxe-me grande conforto durante períodos de grande estresse e desordem, assim como na minha vida profissional cotidiana. Elas me abriram perspectivas quando eu mais precisava.

De fato, o caos é a lei da natureza. Ele está em toda parte. As pessoas vêm e vão, modas vêm e vão, existem inúmeros interesses e desejos conflitantes e as mudanças são constantes e inevitáveis. Telefones tocam, exigências e pedidos são feitos e pilhas de papel estão sempre na sua mesa. Mesmo quando você tenta ser justo, às vezes acaba sendo um herói para uma pessoa e inimigo de outra — sem saber por quê. Um plano se desenvolve, o outro cai por terra. Uma pessoa é promovida e fica emocionada; outra é demitida, e fica arrasada e furiosa. Você tenta ajudar, mas só piora as coisas. As pessoas estão confusas, frustradas e estressadas. Quando pensa que finalmente está prestes a dar a volta por cima, você fica resfriado!

Apesar desta inegável lei da natureza, os seres humanos adorariam ter pelo menos um pouco de ordem. Adoraríamos ser capazes de manter as coisas idênticas, de prever nosso futuro, conseguir um equilíbrio perfeito, e saber as respostas. Mas ninguém pode achar um sentido perfeito no caos porque ele na verdade não faz sentido — só existe. De fato, por mais que você tente, o caos está bem ao seu lado.

Contudo, acontece uma coisa mágica quando você se entrega ao caos — quando faz as pazes com ele. Ao diminuir a necessidade de controlar seu ambiente ou de prever certos resultados, você é capaz de aprender a trabalhar em um ambiente de caos sem ser afetado por ele. Você começa a experimentar o caos com um certo grau de equanimidade, com senso de humor e objetividade.

O truque parece estar na disposição de abraçar em vez de lutar contra o caos. Em outras palavras, entregar-se ao modo como as coisas realmente são em vez de insistir para que elas sejam de outra maneira. Precisamos fazer as pazes com o fato de que o caos é uma lei da natureza — exatamente como a gravidade. A capacidade de aceitar isso nos permite olhar para o caos de um modo novo. Em vez de ser pego distraído e ficar incomodado diante do caos, você será capaz de dizer: "Aí está ele de novo." Vai reconhecê-lo e respeitar o fato de que ele existe, mas não será derrotado por ele. Em vez de lutar contra o caos, será capaz de escolher o caminho de menor resistência.

Allison trabalha à noite, na emergência de um hospital. Perguntei o que o caos significava para ela. "Às vezes, cada minuto parece um pesadelo. Entram correndo com alguém que levou um tiro — lado a lado com alguém que sofreu um sério acidente automobilístico. Às vezes temos de priorizar o que não deveria ser priorizado. As pessoas estão sofrendo. Existe pânico, desordem, preocupação e lágrimas. Que pessoas você deve ajudar primeiro quando todos precisam e querem sua ajuda, todas ao mesmo tempo? Temos diretrizes, certamente, mas elas nem sempre são aplicáveis ou parecem justas. Frequentemente parece que há alguém gritando comigo, e raramente tenho tempo de respirar. Mas, apesar de todo o caos, aprendi a manter a calma — pelo menos parte do tempo. É preciso fazer isso, ou você vai ficar louco e, mais importante, o atendimento aos pacientes será prejudicado." A descrição dela me ajudou a compreender melhor aquilo que chamo de caos.

Num grau menor que Allison, aprendi a aceitar o caos como uma parte inevitável da vida. Ainda não gosto dele, e faço todo o possível para evitá-lo e para mantê-lo numa mínima dose. Contudo, ao me entregar a ele, fiz as pazes com o fato de que o caos é inevitável. A vida não é tão previsível, tão organizada ou tão livre de problemas quanto eu gostaria que fosse. Em vez disso, ela é do jeito que é.

Já aceitei isso, e os resultados foram impressionantes. Muitas coisas potencialmente frustrantes acontecem em minha vida cotidiana — telefonemas sem resposta, correspondência perdida, cálculos errados, falhas, excesso de compromissos, prazos, desaprovação e todo o resto. A diferença, contudo, é a maneira como me afetam, ou mais exatamente, a maneira como *não* me afetam. Muitas coisas que costumavam me deixar louco agora parecem ser exatamente o que são — só mais uma parte do caos. Descobri que existem desafios bastantes na vida a serem enfrentados sem que seja preciso também lutar e combater coisas que não podem ser controladas ou evitadas. O caos está bem no topo desta lista. Talvez você também possa abrir seu coração para o caos e aceitá-lo do jeito que ele é. Se o fizer, vai notar que muito menos coisas irão incomodá-lo.

85
EVITE O ESGOTAMENTO

O esgotamento relacionado com o trabalho é um problema enorme, perturbador e muitas vezes custoso para milhões de pessoas. Para colocar de maneira sucinta, as pessoas ficam saturadas dos seus trabalhos e desejam uma vida melhor, diferente ou mais satisfatória. Obviamente, não existe maneira de impedir o esgotamento, mas existem coisas que você pode fazer para puxar as probabilidades ao seu favor.

As chaves parecem ser o equilíbrio e o crescimento. Se você conversar com pessoas que não estão esgotadas, vai descobrir que a maioria delas luta para ter uma vida equilibrada e orientada para o crescimento. Isso significa que, embora elas trabalhem duro, sejam boas competidoras, lutem para fazer o melhor e tenham metas muito específicas e às vezes elevadas, elas mesmo assim insistem em ter uma vida fora do trabalho — elas se divertem e passam tempo com suas famílias e amigos, fazem exercícios ou têm hobbies, valorizam o tempo livre, e lutam para contribuir com sua comunidade além do seu trabalho. Além disso, as pessoas que evitam o esgotamento estão sempre tentando melhorar a si mesmas e crescer, não só profissionalmente, mas também espiritual e emocionalmente. Elas participam de workshops ou de cursos, aprendem coisas novas e têm a mente aberta. Lutam para vencer os próprios pontos cegos; têm um fascínio em aprender e prazer de viver. São curiosas e gostam de escutar os outros.

Aqueles que evitam o esgotamento o fazem com atitude positiva. Eles têm interesses externos e tiram vantagem do tempo que ficam longe do trabalho. Seu interesse e capacidade de concentrar-se em outros aspectos da vida que não o trabalho mantêm seus espíritos alimentados e suas vidas relativamente satisfeitas. Não faz sentido que, se uma pessoa estiver realizada e satisfeita fora do trabalho, essa energia e boa disposição se refletirão na sua vida profissional?

Quando tudo que você faz é trabalhar, mesmo que seja satisfatório, o resultado será o esgotamento. Você investe demais numa coisa só; fica estagnado, previsível, habitual, até mesmo tedioso. Pense bem. Que aconteceria se você só comesse um tipo de comida, repetidas vezes, dia após dia, ano após ano? Não importa se é seu prato favorito ou não — você ficaria enjoado. Ou se assistisse ao mesmo episódio do seu programa de televisão favorito repetidas vezes? Chato!

Andrew trabalhou para uma empresa de porte médio durante quinze anos antes de ter um grave caso de esgotamento. Fora do trabalho, ele não tinha vida própria — nenhum exercício ou atividades externas, muito poucos amigos (e quase nenhum tempo para estar com eles), nenhum bicho de estimação e nenhum hobby verdadeiro. Como toda sua vida estava no trabalho, ele acreditava que o trabalho fosse a fonte do seu esgotamento. Não sabia mais o que fazer. Acabou ficando tão frustrado que se demitiu.

Ele não podia dar-se o luxo financeiro de não trabalhar durante muito tempo, portanto, mais ou menos depois de um mês, foi forçado a começar a procurar um novo emprego. Contudo, durante seu mês de folga, ele tentou algumas coisas novas pela primeira vez — e adorou. Leu alguns livros, caminhou regularmente, se inscreveu até numa aula de ioga. "Não só estou me divertindo como conheci algumas pessoas realmente interessantes", ele me contou. Pela primeira vez na sua vida, estava se divertindo. Seu entusiasmo voltou, o esgotamento desapareceu e sua perspectiva foi aprimorada.

Quando estava sentindo-se bem melhor, ele ligou para seu antigo chefe e explicou o que havia acontecido. Felizmente para Andrew, a sua empresa não havia encontrado um substituto adequado e eles lhe ofereceram o antigo emprego de volta que ele aceitou com gratidão. Ele percebeu que não havia nada errado com sua carreira, mas que sua vida carecia de equilíbrio. Decidiu continuar a fazer as coisas que agora sabia que apreciava e até mesmo tentar coisas novas com o passar do tempo.

Esta é uma estratégia que algumas pessoas (muito ocupadas) tentam deixar de lado com a antiga desculpa, "eu não tenho tempo para ter uma vida". Infelizmente, esta é uma maneira pobre, superficial e de muito curto prazo de ver sua vida e sua carreira. A verdade é que, com frequência, se você não "se animar", acabará com um caso extremo de esgotamento. Você está brincando com fogo — é só uma questão de tempo. Assim, é preciso perguntar a si mesmo: "É mais inteligente para mim (isto é, melhor negócio) continuar com meu estilo de vida desequilibrado ou seria melhor reservar um pouco de tempo para algumas outras coisas — leitura regular, exercícios, meditação, uma noite com amigos, tempo sozinho ou com a família, um curso sobre atitudes positivas, ou algum hobby?"

Mesmo que você seja um completo workaholic, ou as circunstâncias o forcem a trabalhar em excesso, é uma grande ideia pelo menos pensar no equilíbrio como uma meta desejável. Por mais difícil que isso possa ser, você precisa fundamentar as boas intenções com atitudes.

Uma boa forma de começar é avaliando suas prioridades fora do trabalho. Se você tivesse que escolher, o que seria mais importante? Você prestaria serviço voluntário ou aprenderia a meditar? A sua vida espiritual é a coisa mais importante ou o melhor seria programar uma data regular para estar com seu cônjuge, filho(a) ou amigos? Ou seria exercitar-se regularmente — ou alguma outra coisa totalmente diferente? O que quer que seja, é melhor olhar para seu calendário e começar a reservar o tempo. Qualquer coisa é melhor do que nada.

Lembro-me de quando comecei a correr regularmente. O único horário possível para que eu pudesse fazê-lo era de manhã cedo, muito antes da aurora; então foi assim que fiz. Algumas academias estão abertas vinte e quatro horas por dia. Tudo depende da força de vontade. Talvez você possa oferecer seu tempo para trabalho voluntário nos fins de semana, como eu costumava fazer para o programa Big Brothers of America, ou separar trinta minutos por manhã para relaxar na banheira e ler um ótimo romance.

A maioria das pessoas tem horário de almoço. Você pode passar esse tempo assistindo a uma novela no refeitório ou aprendendo a meditar; é escolha sua. Se você trabalha cinco dias por semana, daqui a um ano você terá tido 260 horas de almoço. Somente nesse período, você já poderia começar a falar uma língua estrangeira, melhorar suas condições físicas, fazer ioga, ou qualquer outro empreendimento válido. Seja lá o que você goste de fazer, vai valer a pena, e ajudará você a criar uma vida mais equilibrada e voltada para o crescimento. É inconcebível que você não passe a sentir-se melhor com a vida e consigo mesmo depois de gerar algum equilíbrio. E como bônus adicional, vai impedir o esgotamento. É realmente muito simples.

86

EXPERIMENTE UMA TRANSFORMAÇÃO MÁGICA

◇◇◇◇◇◇◇◇◇◇◇◇◇

S e você está procurando uma maneira de sair de uma situação de estagnação ou de recomeçar, esta estratégia pode ajudar. Uma transformação mágica é como um novo começo; ela implica libertar-se de uma maneira desgastada de pensamento ou comportamento, e substituí-la por uma alternativa mais positiva. A transformação porém ocorre inesperadamente, muitas vezes quando você menos espera. É como aprender a andar de bicicleta. Em um minuto você não consegue — e no outro já está pedalando perfeitamente.

As transformações mágicas podem ocorrer de muitas maneiras e podem ser o resultado de várias questões que você está enfrentando. Isso pode implicar o abandono de um hábito negativo ou um vício, ou pode ser uma questão de reconhecimento de um padrão ou atitude autodestrutivos e de alguma maneira alterá-los.

A maneira mais fácil de experimentar uma transformação é rever mentalmente seus hábitos e traços mais negativos, aqueles que você gostaria de mudar, e anotar mentalmente que gostaria de encará-los de maneira diferente. Se você bebe demais, por exemplo, pode querer experimentar uma transformação mágica e se tornar abstêmio. Se você está sempre atrasado, pode querer tornar-se uma pessoa com um pouco mais de tempo. Se você tende a ser impaciente, talvez queira tornar-se alguém que é conhecido pela paciência. Certa vez eu estava sentado com um homem que, no meio da nossa conversa, subitamente percebeu que quase sempre estava criticando os outros. Foi como se ele percebesse isso pela primeira vez. Lembro-me de que ele disse: "Não posso acreditar que sempre fui deste jeito." De um extremo a outro, as transformações mágicas contribuíram para alterar uma vida. É como se subitamente houvesse um aumento do seu nível de compreensão. As transformações parecem ocorrer com mais frequência pouco depois de você dizer a si mesmo que gostaria de ver as coisas de uma maneira nova.

Estas transformações positivas mudam a vida, não só devido à mudança isolada que causam na perspectiva, mas também porque reforçam sua resistência, sua habilidade de dar a volta por cima e mudar. Alguém que costumava ser frenético e que torna-se genuinamente calmo guarda esta transformação na memória. Então, sempre que se sente desencorajado, ele se lembra desta experiência como uma validação da sua força e da sua habilidade de realizar mudanças. Uma vez que você experimenta uma transformação mágica, seu senso de confiança em si mesmo será ampliado.

Tive algumas dessas transformações durante minha vida, e espero ter muitas outras. Uma delas em particular se destaca na minha mente.

Como a maioria das pessoas, eu era muito sensível a críticas. Quando alguém fazia uma sugestão ou me criticava de alguma maneira, costumava sentir-me atacado. Geralmente, ficava na defensiva ou pelo menos sentia-me na defensiva. Eu defendia meu território e minhas atitudes.

Cerca de quinze anos atrás, tive uma mudança instantânea, ou transformação mágica. Eu estava de pé na minha cozinha, de costas, quando alguém me criticou fortemente. Meu instinto inicial foi me encolher e me defender. Meus pensamentos começaram a girar e ferver, como sempre havia acontecido antes. Mas por algum motivo, reconheci minha própria contribuição mental para o problema, e pela primeira vez na minha vida, percebi que tinha uma escolha genuína de como responderia, e mesmo de como me sentiria.

Consegui me ver como senhor dos meus próprios pensamentos. Em outras palavras, reconheci que, muito embora o comentário crítico houvesse sido dirigido a mim, agora era da minha alçada, e só meu pensamento poderia manter a experiência viva em minha mente. Sem meu consentimento, o comentário não tinha poder! A metáfora que me veio à cabeça foi a de um cheque — ele não vale nada se não for assinado. Do mesmo modo, para que eu me sentisse ferido pela crítica, eu teria de morder a isca.

Pela primeira vez na minha vida, fui capaz de ignorar o comentário e seguir com meu dia — sem mágoa, comportamento defensivo ou retaliação. Eu não estava fingindo que não doía — realmente não doía. O comentário foi feito e eu o deixei ir. Havia experimentado minha primeira transformação mágica, e até hoje as críticas pouco me incomodam. Obviamente, a minha experiência é apenas uma entre um número ilimitado de possibilidades; a sua será única.

Experimentar uma transformação mágica implica reconhecer que você de fato tem uma escolha. Eu queria compartilhar esta história e esta estratégia porque muitas vezes, a partir do momento que se está consciente de que transformações mágicas são possíveis, começa-se a procurá-las na própria vida. Quando você está frustrado, por exemplo, pode querer dizer algo como "eu sei que é possível ver isso (ou experimentar isso) de maneira diferente".

E frequentemente esta consciência ou mesmo esperança de que existe outra maneira de experimentar seu conflito, dilema ou problema abre a porta para que a transformação ocorra. Espero que, ao abrir-se para a possibilidade, você também tenha uma transformação mágica.

87

EVITE O PENSAMENTO "SE AO MENOS"

Comecei a refletir sobre esta ideia há mais de vinte anos. Sempre me chamou a atenção como muitos de nós possuem esta tendência, ou hábito mental, que virtualmente garante um bocado de estresse e falta de satisfação. Enquanto refletia sobre este conceito, e evitava ser dominado por esse hábito na minha vida, descobri que meu nível de estresse havia baixado substancialmente. Também notei que realmente gosto de praticamente tudo o que faço relacionado ao meu trabalho. No processo, também tornei-me mais eficiente. Espero que você também possa chegar aos mesmos tipos de benefícios ao familiarizar-se com este conceito e colocá-lo em prática na própria vida.

Como é óbvio, o pensamento "se ao menos" refere-se à tendência bem comum de encher a cabeça com pensamentos projetados para convencer-se de que "se ao menos" certas condições fossem correspondidas — então você estaria feliz (ou mais satisfeito, ou menos estressado, ou o que for). É uma forma de anseio, ou de imaginar que se as coisas fossem diferentes, puxa, como seria ótimo! Aqui estão alguns exemplos do que poderia ser uma lista muito grande: "Se ao menos eu ganhasse mais dinheiro, então estaria seguro", "Se ao menos recebesse mais atenção ou crédito, então me sentiria bem", "Se ao menos ele (ou ela) fosse diferente, teria uma vida melhor", "Se ao menos pudesse fazer uma certa viagem de férias, então poderia relaxar", "Se ao menos pudesse adiantar este trabalho, então passaria algum tempo com as crianças", "Se ao menos pudesse viver numa casa maior, então ficaria satisfeito". Já deu para entender, não é?

Para enxergar a falha neste pensamento de "se ao menos", você só precisa lembrar-se de alguns dos milhares de vezes em que disse a si mesmo basicamente a mesma coisa, e terminou conseguindo exatamente o que queria, e ainda assim não ficou satisfeito. Ou se ficou, não foi por muito tempo! Você se convenceu de que se ao menos tivesse um carro novo, ficaria ótimo. Mas um dia ou dois depois de consegui-lo, a emoção havia sumido. Você disse a si mesmo que um novo relacionamento satisfaria todas as suas necessidades, mas quando você descobria aquela "pessoa perfeita", inevitavelmente brigava com ela também. Você passou a ganhar mais dinheiro do que antes, mas apesar de dizer a si mesmo como ficaria mais seguro quando isso acontecesse, continua se preocupando e ainda quer mais.

Este tipo de pensamento é destrutivo para o espírito humano, porque querer estar em algum outro lugar, ou fazer alguma outra coisa, ou ter circunstâncias diferentes é, quase por definição, estressante. "Vou deixar minha felicidade esperando. Vou ser feliz depois, quando as coisas mudarem." Com que frequência você esquece de apreciar a vida que já tem porque está ocupado demais pensando em como ficará agradecido em algum ponto da estrada? É quase impossível estar satisfeito quando você se concentra em planos futuros, porque a sua mente não está concentrada no momento, mas em algum outro lugar.

Obviamente, não estou sugerindo que você não precisa saber para onde está indo ou que não seja importante ter um plano; você provavelmente sabe, e é importante. Tampouco estou dizendo que não trabalhe com afinco para alcançar suas metas; faça-o, sim. O que estou falando é sobre a tendência de desacreditar ou de não reconhecer a vida que você está tendo agora em detrimento de algum futuro imaginado. Assim, quer você seja um investidor, trabalhe para alguém, ou esteja escalando a escada empresarial, não se esqueça de apreciar e saborear cada passo do caminho. Tenha em mente que a felicidade é uma jornada, não um local. Meu pai costumava me dizer: "Se você começar pelo fundo, aproveite enquanto puder. Porque se o fizer, não vai ficar ali por muito tempo." Descobri que estas palavras de sabedoria são válidas para o que quer que você faça para viver. Quando está totalmente envolvido e aproveita ao máximo o que está fazendo, traz para fora o que há de melhor em você.

Meu conselho é simples: vá em frente e seja tudo o que puder ser, sonhe seus sonhos, e tenha um plano. Mas nunca se esqueça de que o segredo da satisfação não é chegar a uma meta imaginada, mas apreciar o passeio até lá.

88
ELIMINE O FATOR PREOCUPAÇÃO

Aqueles de vocês que estão familiarizados com meu trabalho podem estar conscientes de que, por ser uma força extremamente destrutiva na vida de tantas pessoas, a preocupação é um dos meus assuntos favoritos. Na verdade, o meu livro *Don't Worry, Make Money* [Não se preocupe, ganhe dinheiro] inteiro é voltado para vencer esta tendência insidiosa. Nele, faço a relação entre ter menos preocupação e mais dinheiro.

Para nossas finalidades aqui, existem vários motivos adicionais para eliminar a preocupação da sua vida. Em primeiro lugar, ela é altamente estressante. Pense em como se sente quando está preocupado; consome toda sua energia. É algo que o estimula a concentrar-se em problemas e em como sua vida tornou-se difícil. Quando você se preocupa, fica nervoso e tenso. Assim, tende a incomodar-se facilmente ou a irritar-se de maneira irracional — as condições perfeitas para fazer tempestade em copo d'água.

Quando você se preocupa, é mais difícil concentrar-se e fixar-se em seus esforços. Em vez de ficar completamente absorvida no trabalho, sua mente tende a desviar-se para o futuro incerto ou para um passado cheio de erros. Você antecipa problemas, quer eles sejam reais quer não — e revê erros passados como uma maneira de justificar suas preocupações.

Por exemplo: você pode estar preocupado com uma futura avaliação do seu trabalho pelo seu empregador. Em vez de dedicar-se ao trabalho com atenção total passa a semana antes da avaliação pensando e se preocupando com as possíveis consequências. Você se lembra dos pontos negativos da sua última avaliação; sua mente fica perturbada e seu pensamento disperso. Em vez de ser altamente produtivo e eficiente como costuma ser, seu trabalho sofre e você fica mais inseguro. Obviamente, esta insegurança e o desempenho abalado serão notados pelo seu empregador e possivelmente se refletirão na sua avaliação. É um círculo vicioso que começa com a preocupação.

A preocupação também é contagiosa. Quando você se preocupa, ela sugere ou reforça a ideia (para os outros) de que há algo legítimo com que se preocupar. Isto espalha uma mensagem negativa e um sentimento de medo. Quando as pessoas ficam assustadas, isso gera um comportamento egoísta e narcisista, onde a autoproteção é a prioridade.

Ellen, uma ex-preocupada de carteirinha, é gerente de uma grande loja de flores. Ela me disse que costumava preocupar-se o tempo todo, especialmente com grandes eventos, como casamentos. Ela me contou um exemplo específico que a levou a perceber que precisava mudar.

Ela e três outras pessoas estavam preparando um grande casamento. Até então, aquela tinha sido uma das suas maiores encomendas, e ela estava mais preocupada do que de costume. Ela temia que tivesse escrito o pedido de maneira incorreta, e tinha certeza de que não havia como concluir a encomenda a tempo. Sabia que alguma coisa daria errado. Estava correndo de um lado para o outro, visivelmente abalada, quando finalmente percebeu que os outros estavam fazendo exatamente a mesma coisa. Estavam cometendo erros óbvios, derrubando vasos, cortando flores nos lugares indevidos e cometendo todo tipo de erro que um florista poderia fazer. Ellen me disse: "Foi tão ruim, que tive de rir." Era óbvio que seu nervosismo e preocupação eram realmente contagiosos — e que todas as outras pessoas haviam sido envolvidas. Ellen e seus colegas fizeram uma pausa para um cafezinho, onde todos se soltaram e relaxaram. Quando voltaram à loja, prosseguiram com sua eficiência normal, sem ficar estressados demais com o pedido — e os arranjos ficaram perfeitos.

Uma poderosa mudança interna ocorre quando você se libera da preocupação. Um novo tipo de confiança se desenvolve dentro de você. De uma maneira muito prática, você começa a sentir-se confiante, e sabe exatamente o que fazer e como fazê-lo.

Um exemplo ideal deste processo ocorre com relação a falar em público. Você pode passar anos se preocupando e dizendo a si mesmo como é difícil falar com grandes grupos de pessoas; pode antecipar o pior e imaginá-lo em sua mente. E toda vez que tentar, estará mais convencido, porque seu medo é confirmado pela sua experiência negativa.

Contudo, muitos oradores dirão, como eu, que você não para de se preocupar depois de ter boas experiências — tanto quanto terá boas experiências se deixar de se preocupar. É uma daquelas questões de "colocar o carro antes dos bois". Em outras palavras, quando você decide jogar a cautela fora e deixar a preocupação de lado, vai descobrir miraculosamente que falar para um grupo não é tão diferente de falar para uma única pessoa. Quando a preocupação deixar de existir, você saberá o que dizer e estará receptivo ao assunto e às necessidades do grupo. Os mesmos processos internos ocorrem independentemente do que você faça para viver — livre-se da interferência da preocupação, e sua sabedoria virá à tona.

Por favor, compreenda que quando digo "jogar a cautela fora" não quero dizer que você não deve mais se importar, ou que deve ficar indiferente ao resultado. Estou apenas sugerindo que deve perceber como torna-se confiável e competente quando deixa de lado a interferência e a perturbação da preocupação. Aconselho a ver por si mesmo como pode tornar-se brilhante e cheio de recursos quando deixa de lado a preocupação. Quando isso acontecer, sua vida vai começar a parecer mais fácil e menos estressante.

89

PEÇA O QUE VOCÊ QUER, MAS NÃO INSISTA EM CONSEGUIR

Existe um velho ditado: "Se você não pedir o que quer, não vai consegui-lo." Embora nem sempre seja esse o caso, a partir de um certo ponto de vista, faz muito sentido. Afinal de contas, se seu chefe não sabe que você quer um aumento ou que acha que merece um, não pode realmente culpá-lo por não fazer a oferta. Ou se você gostaria de almoçar com alguém ou saber quais são suas ideias, isso não vai acontecer se não perguntar. Se estiver vendendo alguma coisa, geralmente é boa ideia anunciar a venda — certamente vão aumentar suas possibilidades.

O único problema com a filosofia de "estar disposto a pedir" é que ela ignora a percentagem das vezes em que você não consegue nada mesmo quando pede ou acha que merece. Assim, o velho ditado, se for considerado literalmente, pode gerar alguma frustração.

Contudo, qualquer frustração pode ser prevenida se você evitar a insistência sobre o resultado desejado. Em outras palavras, é fantástico, corajoso e importante pedir o que você quer, mas se você se fixar no resultado, terá uma longa série de desapontamentos em sua vida. Só vai estar feliz quando conseguir exatamente o que quer, ou quando a vida se acomodar às suas preferências. Porém, uma vez que tenha se desapegado do resultado, você vai vencer de qualquer maneira. Vai conseguir o que quer — vai estar bem se não conseguir.

A chave para tornar-se menos apegado ao resultado dos seus pedidos é despersonalizá-los. Em outras palavras, tente ver que, frequentemente, ter um pedido recusado não tem nada a ver com você. Por exemplo, se você pede um aumento, seu pedido pode ou não ser possível, dependendo de outros fatores — o orçamento da sua empresa, as implicações para outros trabalhadores, regras dentro do departamento, e assim por diante. Do mesmo modo, se tentar vender algo, é possível que consiga. Porém, é óbvio que seu cliente pode não querer ou não ser capaz de pagar por aquilo que você está vendendo.

Dennis, um contador que trabalhava para uma cadeia de supermercados, adorava seu emprego, exceto por uma coisa — a localização do seu escritório. Ele me disse: "Não era muito ruim, mas não tinha janelas. Eu achava que trabalharia melhor se tivesse luz natural." O problema era que só alguns escritórios tinham janelas.

Dennis decidiu agir. Ele perguntou ao seu chefe se teria permissão de trocar de escritório. Ele disse, gentilmente, que adorava e apreciava seu trabalho, mas que tinha uma certa tendência à claustrofobia. Ele deixou claro que não queria "romper nenhum acordo", mas que certamente apreciaria se isso pudesse ser feito. Uma semana depois, ele escreveu uma nota de agradecimento para o chefe por tê-lo escutado e por levá-lo em consideração. A carta não foi escrita com impaciência ou exigências — era somente uma simples observação.

Quando falei pela última vez com Dennis, ele ainda não havia se mudado. Ele me disse, porém, que se sentia bem quanto a isso. Ele tinha feito tudo o que podia. As boas novas eram que seu chefe havia mencionado o pedido várias vezes e dito que, caso houvesse uma abertura, ele *receberia* o novo escritório. Dennis sentia-se confiante de que acabaria conseguindo uma janela. Adorei essa história, porque mostra como é possível não conseguir o que quer (pelo menos imediatamente) e ainda assim sentir-se bem quanto a isso. Ela demonstra a sabedoria de pedir o que você quer — mas sem ficar insistindo.

Ao longo da minha carreira, escrevi ou liguei para centenas de pessoas que nunca me escreveram de volta ou responderam a minhas perguntas. Aprendi que as pessoas muitas vezes estão sobrecarregadas e com excesso de compromissos e, portanto, incapazes ou sem vontade de ajudar-me. Em vez de sentir-me derrotado, tentei me concentrar em como estava agradecido por tantas pessoas responderem a meus telefonemas ou minhas cartas. Aprendi que se tiver de acontecer, acontece. Se não, está tudo bem. A chave para o sucesso é continuar tentando, permanecer visível, mas desapegar-se do resultado.

Às vezes é útil colocar-se na posição da pessoa a quem você está pedindo algo. Muitos anos atrás, queria encontrar-me com um certo profissional, e fiquei sabendo que não poderia, porque ele não estava aceitando clientes novos. Insisti, mas não consegui. Finalmente, falei com a recepcionista num tom impaciente e disse: "Olhe só, eu realmente preciso vê-lo. Não há nada que você possa fazer?" Ela me respondeu de uma maneira muito calma e respeitosa. Suas palavras foram: "Sinto muito, Sr. Carlson, mas o doutor tem uma lista de espera de três anos. Ele trabalha seis horas por semana, doze horas por dia, e não tem férias há mais de cinco anos. Ele está fazendo o melhor que pode, mas ele também gostaria de ter uma vida." Sua agenda me fez ver meus horários ocupados sob um ângulo melhor.

Quando você está disposto a pedir o que quer, mas não insiste em conseguir, também existem alguns benefícios potenciais ocultos. Por exemplo, você às vezes pode despertar a compaixão e generosidade dos outros. Vários anos atrás, cheguei bem atrasado a Atlanta. Apesar de ter uma reserva confirmada, o hotel estava lotado e mandando pessoas embora. O homem diante de mim estava enraivecido, tornando-se muito ameaçador. Ele insistiu em conseguir o que queria — mas não havia mais vagas. Ele foi embora, derrotado e zangado. Ele estava totalmente insensível ao fato de que não era culpa da recepcionista; não era pessoal.

Caminhei até a recepcionista e disse numa voz gentil: "Compreendo seu problema e não culpo você nem um pouco. Essas coisas acontecem. Gostaria muito se você pudesse me ajudar; sei que não há mais espaço aqui, mas será que poderia me ajudar a encontrar outro hotel aqui perto?" Achei que era boa ideia perguntar — contanto que eu não insistisse. (Tinha acabado de ver o quanto adiantava insistir.)

Ela foi muito gentil e pediu desculpas. Por coincidência, ela disse que tinha algumas excelentes notícias. Ela ignorara completamente o fato de que um dos convidados tivera de ir embora devido a uma emergência e não ia voltar. Era a maior e mais cara suíte no hotel! Como eu havia sido muito paciente, ela me deixou ocupá-la pagando menos.

A questão é: por que ela não se lembrou desse quarto vazio e o deu para o homem zangado na minha frente? Ele estava aqui antes de mim, e parecia muito mais desesperado para conseguir o quarto. Acho que a resposta é bastante óbvia. Sua insistência a afastou e até pode ter contribuído para seu "esquecimento". Quando falei com ela, contudo, ela relaxou e sentiu-se menos pressionada. Sua memória retornou e acabei conseguindo algumas horas de sono de que precisava muito. Assim, não deixe de pedir o que quer, mas não insista em conseguir.

90
LEMBRE-SE DA HISTÓRIA INTEIRA

Posso prever que se você experimentar essa estratégia, vai começar a perceber que na maioria dos casos sua vida não é tão ruim quanto você eventualmente pensa. Por sua vez, isso vai ampliar a perspectiva e apreciação ligadas com seu trabalho, e vai ajudá-lo a reduzir o seu estresse.

Como provavelmente já sabe, é extremamente sedutor, quando se está conversando com os outros sobre um dia de trabalho, focalizar principalmente o aspecto negativo. Uma resposta bastante típica à pergunta "como foi seu dia?" é "tive um dia bastante duro". Se você elabora mais, provavelmente vai concentrar-se na sua falta de tempo, em como tem dificuldades para chegar ao trabalho, as questões problemáticas e os conflitos, problemas, pessoas difíceis, irritações, a sensação de pressa, os colegas negativos, todas as coisas que deram errado, e seu chefe exigente. Até certo ponto, você está perfeitamente certo. Para a maioria das pessoas, um típico dia de trabalho é realmente difícil e muitas vezes exaustivo. Você está reconstituindo seu dia da maneira como realmente foi ou está sendo seletivo naquilo que escolheu lembrar e discutir?

Quero que seja completamente honesto consigo mesmo enquanto pondera sobre as seguintes perguntas a respeito do seu último dia de trabalho: no caminho, você parou para comer um croissant e tomar café? Fez uma pausa para o almoço? Ela foi boa? Como foi sua comida? Você teve alguma conversa estimulante durante o dia? Alguma ideia nova? Teve uma chance de expressar sua criatividade? Viu alguma paisagem bonita ou natural — uma queda d'água no pátio, árvores e flores, pássaros ou animais? Escutou alguma boa piada? Alguém o cumprimentou? Escutou alguma boa música no carro ou talvez tenha tido uma conversa interessante? Diminuiu o número de tarefas por fazer? Resolveu algum conflito? Você está sendo pago?

Não estou tentando torná-lo irrealisticamente feliz. Como mencionei antes, estou bastante consciente de que o trabalho pode ser (e muitas vezes é) difícil. Contudo, não vamos esquecer que se você respondeu a alguma das perguntas anteriores com uma resposta positiva, seu dia foi mais feliz do que o da grande maioria da população mundial. Isso não significa que deve fingir que teve um dia maravilhoso — mas não é fácil ignorar totalmente as partes agradáveis do seu dia? Nós as tratamos como se nunca tivessem acontecido, como se não tivéssemos vantagens, prazeres simples ou facilidades. Na verdade, quando você examina as perguntas anteriores, fica claro que, para a maioria de nós, o dia não é inteiramente negativo — longe disso. Se é esse o caso, por que o descrevemos assim?

Acho que existem vários motivos. Em primeiro lugar, muitos de nós queremos impressionar os outros mostrando como estamos ocupados ou como temos uma vida difícil, ou então queremos que tenham pena de nós. Raramente você vai ouvir um dos cônjuges dizendo ao outro depois de um dia longo no trabalho: "Tive um dia ótimo. Várias coisas deram certo." O medo é que fazer isso (mesmo que seja verdade) pode parecer uma fraqueza — como se sua vida fosse fácil demais. Sei que alguns homens reclamam com suas esposas sobre como seu dia foi duro, parcialmente, para que elas não esperem muito deles ao chegarem em casa!

Além disso, a maioria de nós quer apreciação e respeito pelo modo como trabalhamos duro. Partilhando tudo que deu certo durante o dia, o medo é que possamos perder parte dessa apreciação ou respeito, ou que não liguem para nós.

Mas acima de tudo, concentrar-se no aspecto negativo é só um mau hábito — simplesmente isso. Reclamar é contagioso, e todos parecem fazê-lo. Assim, a menos que faça um esforço consciente para diminuir suas reclamações, provavelmente você continuará enquanto estiver trabalhando.

Desde que comecei a me concentrar mais nas melhores partes do meu dia, meus olhos se abriram para um mundo novo. Fiquei mais consciente de que existem vários aspectos interessantes e apreciáveis no meu dia que eram praticamente invisíveis antes que isso entrasse em foco. Eu não ignorava mais aquelas conversas estimulantes, desafios interessantes, contatos pessoais com amigos e com outros. Talvez, acima de tudo, a minha apreciação tenha sido aumentada. Por causa disso, eu não me incomodava tanto com os problemas e com todas as "coisas pequenas" com que preciso lidar diariamente. Tenho certeza de que o mesmo pode acontecer com você.

91
USE SEU REDUTOR SECRETO DE ESTRESSE

Há muitos anos eu estava em casa, correndo para terminar um projeto relacionado com o trabalho que deveria ser entregue no dia seguinte. Estava tenso, estressado, apressado e agitado. Naqueles dias, eu parecia estar sempre nervoso com alguma coisa.

Um amigo meu de fora da cidade, que era consideravelmente mais calmo e sábio, estava me visitando. No seu estilo casual costumeiro, ele fitou-me com calma e disse: "Richard, você está respirando?" Chocado e um pouco irritado com o que parecia ser uma pergunta tola, repliquei: "Claro que estou respirando, e você?"

Ele prosseguiu, explicando que a maioria dos adultos respira de uma maneira demasiado superficial e não leva ar suficiente aos seus pulmões. Ele colocou a mão no meu peito e me mostrou o que eu estava fazendo (ou não estava fazendo). Foi um dos momentos mais surpreendentes da minha vida. Percebi que estava respirando de uma maneira tão superficial que sequer parecia respirar!

Para minha grande surpresa, quando comecei a respirar um pouco mais profundamente, imediatamente me senti melhor. Meu corpo pareceu relaxar, e meu pensamento ficou mais claro. À medida que adquiria mais prática e ficava um pouco melhor na respiração mais profunda, notei que tinha mais energia, e talvez mais do que qualquer outra coisa, eu quase nunca me sentia em pânico como costumava acontecer.

Não sou especialista nessa área, mas aprendi a respirar de forma mais profunda com o passar dos anos. E embora não possa provar, sinto, no fundo do coração, que fazê-lo teve um papel significativo na minha jornada para tornar-me uma pessoa menos estressada. Aposto que se você der um pouco de atenção para o modo como respira, vai concluir que é do seu interesse aprender a respirar um pouco mais fundo. Na verdade, você pode ficar surpreso com a rapidez com que consegue melhorar seus sentimentos e a qualidade da sua vida.

A ideia de respirar um pouco mais fundo faz sentido quando pensamos melhor. Afinal de contas, se você está realmente com medo de fazer algo, mas precisa fazê-lo, o que você faz? Você pode nem mesmo perceber, mas provavelmente respira bem fundo. Já viu um jogador de basquete profissional imediatamente antes de jogar uma bola à cesta num momento importante e cheio de pressão? Na maioria dos casos, o atleta respira fundo antes de fazer a jogada. O que estou sugerindo nessa estratégia é que você incorpore a respiração mais profunda à sua vida de trabalho cotidiana. Em vez de esperar até ficar desesperado para respirar fundo, por que não fazer disso uma prática regular?

Se pensar no assunto, é algo óbvio. Estamos todos correndo por aí como abelhas, fazendo todo tipo de coisas. Se não conseguimos ar o bastante para os pulmões, não surpreende que a maioria de nós sinta pânico na maior parte do tempo. Exagerando um pouco, é como se estivéssemos sufocando. Se você já ficou debaixo d'água tempo demais, sabe como fica paranoico e assustado. De certo modo, quando não estamos respirando fundo o bastante, é como se estivéssemos trabalhando debaixo d'água — pelo menos parte do tempo. É verdade que não vamos nos afogar, mas podemos pagar um preço enorme em termos de estresse autocriado.

Verifique a sua respiração. Quão profundas são suas inspirações? Note o que acontece quando você respira um pouco mais fundo. Se você é como eu, vai instantaneamente ficar mais relaxado e menos estressado. Quando está recebendo ar suficiente, o mundo parece menos louco e as coisas são vistas objetivamente. A vida parece mover-se num ritmo mais fácil de se lidar, e muitos daqueles incômodos cotidianos não parecem nos chatear tanto. Resumindo, você tem menos probabilidades de fazer tempestade em copo d'água se seu corpo está recebendo ar suficiente!

Penso na minha respiração como uma arma secreta que posso usar contra o estresse a qualquer momento. É simples, produz resultados rápidos e significativos, e é completamente particular. Só eu sei que estou respirando um pouco mais fundo para relaxar. Espero que você acrescente esta "arma" ao seu arsenal contra o estresse na vida profissional. Ela certamente me ajudou, e aposto que ajudará você também.

92

FALE AOS OUTROS COM AMOR E RESPEITO

Algum tempo atrás, eu estava sendo entrevistado por uma pessoa extraordinária que, fora do ar, partilhou comigo uma história simples, mas inspiradora que ele disse ter influenciado seus modos gentis e suaves. Perguntei a ele se podia contar sua história, e ele permitiu.

Há uns vinte anos, esse homem comprou um carro novo em folha com um espaço na parte de trás capaz de acomodar seu grande cão peludo. Pouco depois de comprar o carro, ele mandou limpá-lo num lava-carros caro. Depois disso, contudo, notou que a parte traseira do carro ainda estava cheia de pelos de cachorro. Como ele havia pago muito pela limpeza, sentiu-se enganado e ficou irritado.

Reclamou com a equipe, mas não adiantou. Eles insistiram que era política deles "não limpar o porta-malas". Aparentemente, eles consideravam o "espaço para cão" um porta-malas, e portanto se recusaram a fazer o trabalho extra. Quando ficou claro que suas reclamações não adiantariam, ele exigiu que chamassem o gerente.

Ele passou os cinco minutos seguintes gritando e reclamando com o gerente do lava-carros no que ele descreveu como um tom ríspido, grosseiro e arrogante. Quando terminou seu ataque, o gerente olhou-o nos olhos e perguntou, de uma maneira gentil e não defensiva, se o homem já havia acabado. Ele disse que sim.

O gerente, então, disse ao cliente num tom calmo e sem ameaças que ele mesmo limparia o carro até que cada pelo do cachorro sumisse. Então, numa voz compassiva mas firme, ele disse: "Tenho de perguntar uma coisa ao senhor. O que o faz pensar que tem o direito de falar comigo ou com qualquer outra pessoa nesse tom ríspido e exigente?"

Ele ficou surpreso e embaraçado, percebendo que nada lhe dava esse direito. Ele me disse que passou os últimos vinte anos tentando viver de acordo com o que aprendera naquele dia — lembrando-se de que todos merecem ser tratados com respeito, mesmo que ele estivesse justificadamente zangado ou desapontado. Foi interessante falar com este homem porque tive certeza de que ele realmente havia aprendido alguma coisa naquele dia — num lava-carros, veja só! Era difícil imaginar que aquela pessoa houvesse sido grosseira alguma vez com outro ser humano. Ele era gentil, sincero, generoso e centrado, uma companhia muito agradável e, por acaso, uma das pessoas de destaque da sua área.

Quando observo outros que são grosseiros, exigentes ou insensíveis com uma comissária de bordo, um estranho, uma garçonete, um balconista, ou seja lá quem for, muitas vezes me faço a mesma pergunta que o gerente do lava-carros fez ao homem da minha história: "O que dá a essa pessoa o direito de falar assim?" Ainda não conheço a resposta para essa questão — você sabe?

Às vezes, as pessoas acreditam que se alguém está fazendo seu trabalho, ele deve aceitar clientes esnobes ou um chefe arrogante. Contudo, sempre achei que se alguém está fazendo seu trabalho, e eu sou um dos beneficiados pelo seu desempenho, essa é uma razão a mais para falar com ele com gratidão e respeito. Mas mesmo deixando de lado o que é certo e errado, é simplesmente uma questão de esperteza falar aos outros com amor e respeito.

Se você está procurando maneiras de tornar sua vida menos estressante, esta é uma das chaves.

93
NÃO SIGA ESSE CAMINHO

Esta é uma das minhas expressões populares favoritas. Eu não tenho ideia de onde ela veio, mas acredito que tem algumas implicações muito importantes para todos nós; certamente tem para mim.

"Não siga esse caminho" é uma expressão que significa basicamente que se você continuar num determinado caminho — pensando de uma certa maneira, argumentando, procurando discutir ou seja lá o que for — vai garantidamente chegar a um resultado previsível e negativo. Então, simplesmente, não faça isso! Pare. Não continue.

Por exemplo, você pode fazer a alguém no trabalho uma série de perguntas pessoais e notar que ele está ficando cada vez mais defensivo e zangado. Se você não precisar realmente das respostas às suas perguntas, pode ser o caso de usar a sabedoria do "não siga esse caminho". Continuar com suas perguntas praticamente garante que você vai criar problemas para si, agora ou mais tarde. Você vai ter um novo inimigo, ou pelo menos alguém com raiva de você. Por que continuar? A mesma ideia se aplica a muitas questões interpessoais. Muitas vezes sabemos lá no fundo o que vai acontecer se dissermos certas coisas a certas pessoas. Às vezes é melhor simplesmente "não seguir esse caminho".

Suponhamos que você está sentindo pena de si mesmo e está completamente sobrecarregado. Você pensa em deixar seu trabalho e em como a vida ficou horrível. Aqui, a expressão "não siga esse caminho" significaria "pare de pensar dessa maneira". Continuar só vai garantir que você fique ainda pior. De que adianta? Não seria mais inteligente esperar até mais tarde, quando estiver melhor, para analisar sua vida? Por que continuar quando você sabe que o resultado será a dor?

Certa vez, um amigo meu estava prestes a ter um caso. Ele me perguntou o que eu achava. Minhas exatas palavras foram: "Não siga esse caminho." Seja qual for o motivo, ele e sua esposa foram capazes de melhorar seu casamento.

Por algum motivo, a simplicidade dessa expressão possui uma grande dose de poder. Ela é tão direta que é capaz de detê-lo, ou pelo menos ajudá-lo a ver a futilidade de certos pensamentos e atos. Ela pode fornecer a sabedoria e a objetividade necessárias para mudar de direção e evitar determinados erros. Assim, quando disser isso para si mesmo, ou quando alguém disser isso para você, será capaz de levar o conselho a sério.

Já testemunhei muitos casos em que essa simples ideia poderia ter salvo o emprego de uma pessoa, impedido uma discussão, ou um bocado de estresse desnecessário. Suponhamos que alguém esteja zangado com o chefe e decida discutir com ele enquanto ainda está zangado. Um bom amigo diria: "Não siga esse caminho." Ele poderia pensar duas vezes. Ou então uma daquelas ridículas discussões — "estou determinado a estar certo" — está iniciando. Este mesmo conselho poderia fornecer a sabedoria de simplesmente permitir que a outra pessoa tivesse razão, poupando portanto as dificuldades e o estresse do argumento, e deixando tempo para um almoço pacífico. Tantas vezes, seguir um caminho negativo leva a uma série de ações estressantes e destrutivas. Se você puder cortar o problema pela raiz usando essas palavras simples, poderá impedir um bocado de estresse.

Aposto como você pode pensar em muitas aplicações dessa expressão na sua vida. Existem muitos casos em que, por mais simples que pareça, "não seguir por esse caminho" é realmente um bom conselho.

94

LEMBRE-SE DE VALORIZAR AS PESSOAS COM QUEM TRABALHA

◇◇◇◇◇◇◇◇◇◇◇◇◇

Uma das reclamações mais consistentes dos trabalhadores de praticamente todas as áreas é acharem que os outros não valorizam seu trabalho, ou pelo menos não valorizam muito. Parece haver um pressuposto tácito de que os trabalhadores têm sorte em ter empregos — e o fato de terem empregos é apreciação suficiente. Quaisquer exigências, expectativas ou mesmo esperanças de apreciação verbal ou comportamental são muitas vezes consideradas triviais ou desnecessárias.

O problema é que as pessoas precisam e merecem a valorização. As pessoas que se sentem valorizadas são mais felizes, menos estressadas e mais leais do que aquelas que se acham ignoradas. No todo, elas trabalham mais e são excelentes membros de equipe. Elas desistem menos, aparecem na hora certa, se dão bem com os outros, demonstram criatividade abundante e lutam pela excelência. Por sua vez, pessoas que são (ou mesmo que acham que são) pouco valorizadas muitas vezes ficam ressentidas e perdem o entusiasmo pelo trabalho. Elas podem tornar-se apáticas e preguiçosas; e se incomodam facilmente, e certamente não são pessoas divertidas no trabalho ou como companhia. Talvez acima de tudo, as pessoas que sentem-se desvalorizadas tendam a fazer tempestade em copo d'água.

Infelizmente, não posso criar uma estratégia para sentir-se valorizado, somente uma para lembrar-se de valorizar. Contudo, acho que você vai descobrir que, de certo modo, as duas coisas estão intimamente relacionadas. Na verdade, já percebi que quanto mais me comprometo a lembrar de valorizar aqueles com quem trabalho, melhor me sinto. Como um bônus adicional, aqueles com quem trabalho parecem me valorizar mais do que nunca. Neste caso, realmente parece que a gente colhe o que planta.

Mesmo que alguém esteja apenas "fazendo seu trabalho", é crucial sentir-se valorizado. A minha sugestão é se esforçar para deixar claro que você valoriza as pessoas com quem trabalha. Elogie bastante; distribua cumprimentos. Se for possível e apropriado, mande um cartão, um e-mail ou um bilhete. Dê um telefonema, ou ainda melhor, olhe a pessoa nos olhos e diga o quanto a aprecia. Ocasionalmente, se puder fazê-lo e for apropriado, mande um pequeno presente para mostrar sua apreciação; torne sua apreciação clara. Faça tudo isso frequentemente.

Por exemplo, mesmo que seja o trabalho do rapaz da sala de correspondência trazer suas cartas, agradeça quando ele passar pelo seu escritório. Note sua reação e note a maneira como isso também afeta você. Agradeça à pessoa na loja copiadora por copiar seus papéis. E daí se é "o trabalho dela"? Do mesmo modo, mande um cartão ocasional para agradecer a alguém com quem faz negócios por usar seu serviço. Isso sempre dará algum retorno. E mesmo que não dê, ainda assim vale a pena. Certifique-se de que sua secretária e/ou equipe está consciente de que você valoriza seu trabalho e sua presença em sua vida. Não deixe de agradecer a eles.

Várias vezes por ano coloco uma nota de agradecimento com nossa remessa de lixo normal e dentro do cartão coloco uma pequena gorjeta para o coletor de lixo, que faz um trabalho extraordinário.

Não só ele acena para mim quando me vê correndo de manhã cedo, como está sempre feliz em levar o lixo extra para a lixeira.

Lembrando-se de apreciar as pessoas com quem trabalha, seus relacionamentos de negócios serão aprimorados, e mais importante, você estará animando um pouco o dia de todo mundo — inclusive o seu.

Quando expressar uma dose de apreciação, preste atenção nos seus sentimentos. Provavelmente, vai sentir-se tranquilo e satisfeito, como se estivesse no caminho certo. Oferecer apreciação genuína alivia bastante o estresse. É agradável, não só para a pessoa elogiada, mas para aquele que elogia também. É bom saber que você está ajudando outra pessoa a sentir-se valorizada; também é agradável saber que está ajudando aquela pessoa a dar o melhor de si.

Lembro-me de uma ocasião em que estava tendo algumas dificuldades com uma pessoa com quem trabalhava. Eu achava que ela não estava satisfazendo minhas expectativas profissionais, e nós dois discutíamos sobre questões sem maior importância. Então percebi que, na verdade, ela estava trabalhando duro e que provavelmente sentia-se ignorada. Decidi começar novamente e tentar uma nova estratégia. Em vez de continuar a informá-la da minha insatisfação, comecei a pensar sobre as coisas que ela estava realizando bem. Listei seus pontos fortes, que eram muitos, e escrevi uma nota de agradecimento. Meus cumprimentos eram autênticos e sinceros. Cerca de uma semana depois, recebi uma bela nota de agradecimento onde ela também observava como era fácil, na maioria das vezes, trabalhar comigo. Como bônus, notei uma melhoria quase imediata nas áreas que eu achava que precisavam de trabalho. Quase sem esforço e certamente sem brigas, eu tinha modificado nosso relacionamento e estávamos de novo no caminho certo.

É importante saber que eu não mandei uma nota de agradecimento numa tentativa de manipulá-la; eu o fiz porque percebi que ela estava sentindo-se pouco apreciada. E eu estava certo. Assim que ela passou a sentir-se apreciada e soube que era algo autêntico, foi capaz de avançar.

É claro que nem sempre ocorre esse retorno imediato e positivo. Estive envolvido em muitos casos em que achei que estava fazendo um bom trabalho de valorização, nos quais, contudo, não houve resposta alguma. Mas sabe de uma coisa? Não importa. Quer você consiga algo em troca quer não, no fundo é uma boa sensação, e a coisa certa a fazer. O pior que pode acontecer é você fazer com que outra pessoa sinta-se bem. Não consigo pensar em muitas coisas que sejam melhores do que oferecer apreciação genuína para aqueles com quem você trabalha.

95
NÃO LIGUE PARA OS SEUS CRÍTICOS

Para ser honesto, se eu ficasse incomodado ou imobilizado devido à opinião dos meus críticos, posso garantir que você não estaria lendo esse livro agora. Na verdade, os críticos fazem parte da vida, e a crítica é algo que todos nós temos de encarar. De fato, a única maneira de evitar as críticas é viver uma vida isolada em que as pessoas não estão expostas ao seu trabalho, personalidade ou comportamento. Às vezes as críticas que recebemos são valiosas, até mesmo úteis. Outras vezes, são uma rematada tolice. De qualquer modo, aprender a ver a crítica como "coisa pequena" é incrivelmente útil nos nossos esforços para viver uma vida de estresse reduzido.

Desde que consigo me lembrar, a minha meta foi espalhar alegria para o máximo de pessoas que pudesse. Passei minha carreira tentando ajudar as pessoas a se tornarem mais relaxadas e pacientes, a apreciarem a vida e fazerem menos tempestades em copo d'água. Contudo, apesar das minhas boas intenções e do meu amor pelo próximo, fui criticado por ser tudo, desde um Poliana até uma pessoa simplista, ingênua e pouco realista. Houve até quem me acusasse de tentar prejudicar com minha mensagem de alegria! Desde que me entendo por gente, algumas pessoas me dizem: "Você não pode ser tão feliz assim", ou "A sua vida deve ser mais fácil que a minha". Não há como evitar; alguém sempre vai ter uma objeção quanto a algo que você está fazendo.

Se pensar sobre o assunto, uma vitória política arrasadora pode ser uma na qual o vencedor recebe 60% dos votos. Isso significa que mesmo numa vitória convincente, 40% das pessoas desejavam que o vencedor perdesse! Perceber essa estatística meio surpreendente me ajudou a ver objetivamente as críticas que recebia. Ninguém é importante o bastante, bom o bastante ou bem-intencionado o bastante para escapar das críticas.

Perguntei a um colega escritor, que é extremamente calmo e tranquilo, como ele lida com críticas ruins. Ele me disse: "Sempre tento ver se há um grão de verdade no que está sendo dito. Honestamente, muitas vezes há. Nesses casos, tento aprender o que posso, e em seguida deixo a crítica para lá. Muitas vezes o meu crescimento vem diretamente depois de uma dose de críticas. Por outro lado, descobri que se não há nada significativo na crítica, ela vai simplesmente desaparecer. A pior coisa é levá-la para o lado pessoal e ficar na defensiva."

Todo mundo tem direito à sua opinião. Sempre vamos encontrar pessoas que têm pontos de vista diferentes ou que veem a vida de um modo diferente do nosso. Quando você consegue aceitar isso, a crítica não terá o mesmo poder que tinha antes. Lembre-se, a mesma coisa que uma pessoa adora vai irritar outra. Algo que você acha engraçado, eu posso achar tedioso, e vice-versa. Por mais que tentemos, por mais positivas que sejam as nossas intenções, sempre haverá alguém para nos criticar. Bem-vindo à raça humana! Quando tomamos a decisão de não ligar para nossos críticos, nosso ego e autoimagem não são mais magoados, e a vida profissional parece muito menos estressante.

96
REDUZA O ESTRESSE AUTOINDUZIDO

Um perceptivo colega meu com um grande senso de humor teve uma ideia excelente para uma camiseta. Ele ia chamá-la de algo como "A camiseta para acabar com seu estresse". Ele ia oferecer uma garantia de 100% de que enquanto você estivesse usando a camiseta, não sentiria nenhum estresse — a não ser aquele criado dentro da sua própria cabeça!

Obviamente, sua premissa era que todo seu estresse se origina do modo como você pensa, e que portanto ele nunca teria de devolver dinheiro algum. Eu não iria tão longe, mas é um bom argumento. Para mim, se alguém invade sua casa e aponta uma arma para sua cabeça — isso é estresse de verdade. Ou se seu filho está doente, você é despedido, ou há um incêndio na sua casa, ou qualquer outro dos milhares de cenários reais que me ocorrem, há bom motivo para sentir-se estressado.

Dito isso, contudo, está claro que uma percentagem significativa do estresse que sentimos se origina de fato dentro de nós — da maneira como pensamos e nos apegamos às coisas. A maioria de nós usa o pensamento como munição contra si mesmo muitas vezes ao dia, sem ao menos perceber. Pensamos como vítimas, e nos isolamos mentalmente num canto. Aumentamos os problemas além de toda proporção e criamos caso com coisas pequenas. Analisamos demais nossas vidas e exageramos nossas responsabilidades; fazemos tempestade em copo d'água. Entregamo-nos a "ataques mentais" e ensaiamos mentalmente problemas, preocupações e resultados que podem ou não se manifestar. Entregamo-nos a especulações negativas e atribuímos motivos ao comportamento dos outros. Vivemos não para o momento, mas antecipando momentos futuros.

Ou então chafurdamos no passado. Enchemos nossas mentes com pensamentos zangados, sobrecarregados e estressados, e o tempo todo nos perguntamos por que estamos tão infelizes. Temos uma série de pensamentos negativos e pessimistas e os levamos muito a sério. E grande parte do tempo estamos completamente inconscientes de que fazemos isso — tampouco temos consciência de como estamos sendo destrutivos. Em vez disso, nossa tendência é culpar o mundo, nossas circunstâncias e as outras pessoas pelo estresse que sentimos.

Imagine o que aconteceria com a qualidade da sua vida se você eliminasse ou até mesmo reduzisse a porção autoinduzida do seu estresse. Como uma grande parte do seu estresse e infelicidade vem do modo como pensa, você estaria entre as pessoas mais felizes da terra — sem mudar uma única coisa na sua vida. Por que não experimentar?

A parte mais difícil ao lidar com o estresse autoinduzido é ter a humildade de admitir que ele é de fato autoinduzido. É muito mais fácil dizer "estou estressado pela situação que estou vivendo" do que dizer "estou estressado devido ao meu modo de pensar". Apesar disso, se você insistir em validar e reforçar a dificuldade da sua vida, vai ser muito difícil mudar seus sentimentos. Mas quando você vê a sua parte, é capaz de mudar.

Uma vez que tenha admitido que, pelo menos num certo grau, você é o seu pior inimigo, o resto é muito fácil. Você pode começar prestando atenção aos próprios pensamentos — e lembrando-se de que é você que está pensando. Quando um pensamento negativo ou autossabotador passar pela sua mente, você tem a capacidade de dizer: "aqui está mais um deles", ou algo parecido para reconhecer o fato de que seu pensamento está se metendo em seu caminho. Você pode, então, dispensar gentilmente o pensamento negativo da sua mente, sem levá-lo tão a sério. Deste modo, uma por uma, você pode virtualmente eliminar a negatividade da sua vida. Mais uma vez, o truque é ver que *você* está fazendo isso *consigo mesmo*.

A única maneira duradoura de reduzir seu estresse é romper o hábito de pensar de maneira autossabotadora. Mais especificamente, a solução implica levar os próprios pensamentos — particularmente os pensamentos negativos — um pouco menos a sério. Lembre-se de que eles são apenas pensamentos, e esteja disposto a prestar menos atenção ou a pelo menos ignorar aqueles que o estão derrubando ou bloqueando seu caminho.

Comece observando seus pensamentos. Você está praticando o otimismo ou a boa saúde mental? Você está mantendo a objetividade e o senso de humor? Ou você deixa que o pensamento leve a melhor? Você leva seu pensamento demasiado a sério? Se o faz, esta é a hora de começar. Lembre-se, é muito mais fácil mudar seu pensamento do que mudar o mundo. Ao reduzir seu estresse autoinduzido você vai realizar um grande avanço no seu esforço para sentir-se mais calmo e relaxado.

97

ESTEJA CONSCIENTE DO FATOR PENSAMENTO

Tornar-se consciente do "fator pensamento" é sem dúvida um dos ingredientes mais importantes para aprender a deixar de fazer tempestade em copo d'água no trabalho — e em qualquer outro lugar. Para tornar-se uma pessoa mais calma, gentil e menos temperamental, é essencial compreender que a sua experiência de vida é criada de dentro para fora — e não o contrário, como costuma parecer.

Meu bom amigo e coautor de *Slowing Down to the Speed of Life*, Joe Bailey, esteve envolvido num experimento interessante projetado para demonstrar esse ponto crítico. Ele entrevistou dúzias de motoristas que estavam numa movimentada rampa de acesso da via expressa para Minneapolis, durante a hora do rush.

Costumamos achar que o trânsito é uma daquelas irritações que todos detestam. Ele é muitas vezes incluído em testes projetados para quantificar o nível de estresse. Na melhor das hipóteses, o trânsito é tolerado; na pior, é a causa de comportamento raivoso nas estradas. Contudo, a meta de Joe era ensinar às pessoas que, na verdade, é a nossa mente, e não o trânsito em si, a responsável pelos sentimentos que vivenciamos no trânsito. Ele estava tentando mostrar que realmente podemos escolher a maneira como experimentamos o trânsito, e que não somos vítimas dele — ou de qualquer outra coisa.

As respostas sobre estar preso num engarrafamento horrível foram tão variadas quanto os tipos de carros. Como poderíamos esperar, uma certa porcentagem de motoristas estava irritada, de rosto vermelho e completamente chateada. Alguns gritavam e xingavam Joe e a câmera. Outros aceitavam e estavam relaxados. Alguns usavam o tempo para escutar fitas de áudio ou falar no telefone. E, acredite ou não, uns poucos chegaram a declarar que estar no trânsito era sua hora favorita do dia — era o único momento em que ficavam completamente sozinhos. No trânsito, podiam diminuir o ritmo e relaxar. Ninguém podia incomodá-los ou pedir que fizessem algo.

Lembre-se, a grande maioria dessas pessoas havia acabado de sair do trabalho. É provável que estivessem todas cansadas. Estavam no mesmo engarrafamento, atrasadas durante a mesma quantidade de tempo. Ninguém tinha nenhuma vantagem e as circunstâncias eram essencialmente idênticas para todas. Assim, se o tráfego fosse realmente responsável pelas nossas reações negativas, então, logicamente, ele deveria afetar a todos da mesma maneira. Mas não afeta.

Esse experimento mostra que nossa experiência de vida de fato deriva do nosso pensamento e percepção. Se você pensar cuidadosamente sobre o que estou sugerindo, verá algumas implicações poderosas. Isso significa que você realmente pode escolher o modo como responde — não só no tráfego, mas também em todas essas outras situações que estão quase sempre associadas à infelicidade e ao estresse.

Por exemplo, se você está num engarrafamento e pode admitir para si mesmo e reconhecer que sua experiência interna está sendo ditada pelo seu pensamento (e não pelo tráfego), isso vai mudar toda a natureza da sua experiência. Vai recordar você de que uma mudança no seu pensamento pode resultar numa alteração no seu nível de estresse. Em vez de insistir que a vida pode fazer o favor de reservar-lhe menos problemas e exigências, você pode aprender a manter-se relativamente intocado e relaxado, apesar de tudo. Não estou sugerindo que isso será sempre fácil; não vai, não. Contudo, poderá ver que com este conhecimento vem a esperança. Mesmo quando você está realmente frustrado, isso lembra você de que é possível ver a situação de maneira diferente. Sem dúvida, você vai atravessá-la com mais facilidade do que antes.

Existem certas relações de causa e efeito na vida. Por exemplo, se pular de um prédio de cinquenta andares, não vai sobreviver. Se colocar sua mão num fogareiro aceso, vai se queimar. Se colocar uma rolha gigante no fundo de um lago, ela vai subir até a superfície. São as leis da natureza.

Contudo, a maioria de nós trata eventos cotidianos — tráfego, trabalho duro, conflito, erros, prazos, ser criticado, e assim por diante — como uma relação de causa e efeito semelhante. Acreditamos que esses eventos devam causar estresse e chateação do mesmo modo que o fogo causa uma queimadura. Eventos como o tráfego são considerados irritantes; cometer um erro vai desanimá-lo, e assim por diante. O motivo por que fazemos essas deduções errôneas é que pensamos no tráfego ou em outras coisas estressantes como a causa do nosso estresse, quando na verdade não são.

Compreender esse conceito pode abrir uma porta para toda uma maneira nova de ver a vida e as pequenas irritações e problemas que todos temos de enfrentar. Não podemos alterar nossas circunstâncias imediatas — mas sempre temos a habilidade de alterar nossos pensamentos e atitudes. Espero que você considere essa estratégia e abrace a sua lógica. Estar consciente do fator pensamento vai mudar sua vida.

98

DIMINUA SEU EGO

A meta deste livro é ajudá-lo a ficar menos estressado no trabalho e auxiliá-lo nos seus esforços para deixar de fazer tempestade em copo d'água. Não consigo pensar em muitos fatores que contribuam mais para nosso estresse, ansiedade e frustração do que um ego grande. Portanto, aliviar seu ego é um dos esforços mais vantajosos para reduzir o estresse no trabalho.

Considere o ego como uma de nossas partes que precisa se destacar e ser especial. E embora cada um de nós certamente seja especial e único ao nosso próprio modo, o ego precisa provar isso para todo mundo. O ego é aquela nossa parte que conta vantagem, exagera, critica e julga os outros (assim como nós mesmos). O ego é muito autocentrado, como se precisasse gritar: "Olhem para mim!" Como ele é tão egoísta e preocupado consigo mesmo, nos encoraja a perder a compaixão e o interesse pelos outros. O seu único compromisso é manter a si mesmo.

Além dos defeitos óbvios, o ego é uma fonte enorme de estresse. Pense sobre a quantidade de energia e atenção necessárias para provar a si mesmo, se mostrar e defender suas ações. Considere como é estressante se comparar com os outros e diminuir a si mesmo. Pense como é desgastante estar sempre avaliando o que está fazendo e se preocupar demais com o que os outros pensam de você. Fico cansado só de pensar nisso!

O processo de redução do ego é realizado pela intenção. A primeira etapa é ter o desejo de diminuir o ego e constatar quão destrutivo e estressante ele pode ser. O resto é fácil. Tudo que é necessário é humildade e paciência. Comece a prestar atenção nos seus pensamentos e comportamento. Quando notar que está naquela de "provar coisas", gentilmente recue. Você pode dizer algo simples para si mesmo, como "upa, lá vou eu de novo". Ria e seja gentil consigo mesmo. Não tome a tarefa de desapegar-se do ego mais uma luta consigo mesmo. Não é uma emergência; seja paciente e acabará acontecendo.

Há muito a ganhar com a diminuição do seu ego. Em primeiro lugar, você terá a sensação de que um grande fardo foi retirado. Já que estar sempre em guarda e procurando coisas, como mencionei, demanda muito esforço. Portanto, você terá muito mais energia e um coração mais leve. Além disso, à medida que aliviar seu ego, vai ficar mais interessado em outras pessoas; será um ouvinte melhor, e uma pessoa mais gentil e generosa. Isso fará com que as pessoas gostem de você ainda mais. Quando deixar para trás a necessidade de impressionar os outros e simplesmente for você mesmo, terá mais atenção positiva do que nunca. Você não vai precisar dela, mas vai recebê-la.

Espero que considere cuidadosamente essa estratégia e a realize com serenidade. Se cada um de nós se tornar mais humilde, sincero e generoso, o mundo será um lugar muito melhor. E acima de tudo, nenhum de nós vai fazer tempestade em copo d'água.

99

LEMBRE-SE, TEMPESTADES EM COPO D'ÁGUA ACONTECEM

◇◇◇◇◇◇◇◇◇◇◇◇◇

À medida que nos aproximamos do final deste livro, acho que seria útil lembrá-lo de um ponto-chave — tempestades em copo d'água acontecem. Em outras palavras, você pode memorizar este livro, praticar cada estratégia cuidadosamente, e tornar-se uma pessoa incrivelmente pacífica. No entanto, apesar disso tudo, e independentemente de quem você seja, como tenha sucesso, quem são seus contatos ou qualquer outra coisa, você ainda vai ter de lidar com sua parcela de "tempestades em copo d'água". É garantido. É importante lembrar-se disso — regularmente — porque pode ser tentador acreditar que sua nova sabedoria e insights ou uma atitude mais positiva vão de algum modo livrá-lo da realidade dos problemas cotidianos. A questão não é se vamos ou não ter de lidar com essas questões, mas como vamos abordá-las. Com a prática, situações com que vai ter de lidar não parecerão grande coisa. Em vez disso, parecerão "pequenas".

Até hoje, quando fico frustrado com a quantidade de coisas pequenas que tenho de resolver, meu pai me lembra de uma citação que talvez resuma tudo: "A vida é simplesmente uma coisa depois da outra." É verdade! Quando você resolve um conflito, outro surge logo ali na esquina. Quando resolve um problema, outro aparece como mágica. Uma pessoa adora seu desempenho, e ao agradá-la você irrita outra pessoa. Seus planos não dão certo, um erro é cometido, seu computador dá pau. Tudo faz parte da vida, e não vai mudar.

Há algo incrivelmente tranquilizador em reconhecer e se render ao fato de que as tempestades em copo d'água acontecem, e que a natureza da vida é ser cheia de escolhas, desejos, exigências e expectativas conflitantes. Sempre foi desse jeito, e sempre será. Achar o contrário gera dor e sofrimento. Uma vez que você deixa de exigir que a vida seja diferente, contudo, a natureza do jogo muda, e você recupera o controle sobre sua vida. As mesmas coisas que costumavam nos deixar loucos não deixam mais. O que nos causava tristeza, agora vemos de forma objetiva. Em vez de gastar sua preciosa energia batendo a cabeça na parede, você fica calmo, lida com a questão da melhor maneira possível, e segue adiante.

Pelo que eu sei, não existe uma pílula mágica que vai tornar sua experiência de trabalho perfeita ou livre de problemas. Contudo, tenho certeza de que ao aprimorar seu ponto de vista e tornar-se menos reativo e mais calmo, você pode aprender a levar a vida tranquilamente enquanto aproveita o que há de melhor em si mesmo. Espero que este livro seja útil nos seus esforços para aliviar e aprimorar sua perspectiva, e acima de tudo, para você deixar de fazer tempestade em copo d'água.

100

NÃO VIVA PARA A APOSENTADORIA

Conscientemente ou não, muitas pessoas praticamente vivem para a aposentadoria. Elas pensam em como a vida será maravilhosa sem o fardo do trabalho cotidiano fora de casa. Algumas chegam a contar os anos, meses e mesmo os dias que antecedem a aposentadoria. É comum as pessoas adiarem a alegria, contentamento e satisfação até "mais tarde". É quase como se elas estivessem "presas", como se estivessem cumprindo uma sentença, esperando pacientemente pela sua liberdade.

Certamente a maioria não vai tão longe; costuma ser mais sutil do que isso. Contudo, uma enorme porcentagem de pessoas espera que a vida futura seja melhor do que é agora. Frequentemente, devaneios, assim como conversas com colegas e amigos, deixam claro que a expectativa é que "algum dia" será melhor do que agora — quando você estiver aposentado, tiver mais dinheiro, liberdade, sabedoria, tempo para viajar ou o que for.

Esse tópico me apaixona porque para mim está claro que pensar que "algum dia a vida será melhor" é um modo garantido de se preparar para uma carreira longa e cansativa. Em vez de apreciar cada dia, estar aberto a novos desafios e oportunidades, partilhar seus dons com outros e estar disposto a aprender e ser inspirado pelas suas experiências profissionais, você basicamente escolhe, em vez disso, deixar a vida esperando, fingir, ficar preso num hábito, e até certo ponto, sentir pena de si mesmo.

Na minha opinião, é muito melhor despertar a cada manhã e se recordar do velho ditado: "Hoje é o primeiro dia do resto da minha vida." Decida respeitar o dom da vida se esforçando hoje da melhor maneira possível, independentemente do que faça para viver. Veja se consegue manter a objetividade quando os outros não conseguem, inspirar outra pessoa ou fazer uma contribuição, por pequena que seja, à vida de alguém. Lembre-se de que todos os dias foram criados de maneira igual, que hoje é tão importante quanto qualquer dia futuro depois da aposentadoria.

Outro motivo importante para evitar viver para a aposentadoria é que, ao agir assim, você aumenta a possibilidade do desapontamento quando ela chegar. Uma coisa estranha acontece quando adiamos a felicidade até uma data posterior. É como se estivéssemos ensaiando a infelicidade. Viramos especialistas nisso. Quando dizemos a nós mesmos que seremos felizes mais tarde, o que estamos realmente dizendo é que a nossa vida não é boa o bastante agora. Temos de esperar até que as circunstâncias sejam diferentes; então esperamos e esperamos. Milhares de vezes, com a passagem de muitos anos, lembramos a nós mesmos, na privacidade de nossas mentes, que quando as coisas forem diferentes — em algum momento futuro — ficaremos satisfeitos e felizes. Mas agora precisamos nos virar com o que temos.

Finalmente, o grande dia chega — o primeiro dia da aposentadoria. Viva!

Mas aqui está o problema. Como você provavelmente sabe, os velhos hábitos custam a morrer. Se você fuma ou gagueja, é difícil parar. Se você é muito crítico ou defensivo, é difícil mudar. Se possui maus hábitos alimentares e físicos, é preciso uma enorme disciplina para fazer uma mudança definitiva. É difícil demais mudar.

Por que achamos que nossos hábitos mentais são diferentes? Não são, não. Na verdade, em alguns casos, aprender a pensar de maneira diferente é o hábito mais difícil de mudar. Todos nós, de vez em quando, somos aprisionados pelos próprios pensamentos. Acostumamo-nos a pensar de um certo modo — de tal maneira que não podemos ver nada de outro modo.

Se você passa anos e anos pensando que a vida não é boa o bastante agora — que algo ainda será melhor —, é ridículo acreditar que quando chegar a aposentadoria você vai começar a pensar diferente; que a vida vai subitamente ser boa o bastante. De jeito nenhum. Isso não vai acontecer; em vez disso, é provável que aconteça o contrário. A sua mente vai continuar a acreditar que algo ainda será melhor. Você tem o hábito de ver a vida desse jeito, e isso não vai parar simplesmente porque a sua vida externa mudou.

A maneira de evitar esse problema é dedicar-se à felicidade agora — aproveitar ao máximo o trabalho ou a carreira que você tem agora, vê-lo como uma aventura. Faça disso seu modo habitual de pensar sobre o trabalho e sua presença no mundo. Pratique esse tipo de pensamento saudável e otimista no cotidiano, a cada instante. Se o fizer, quando a aposentadoria chegar, seja daqui a um ano, seja daqui a vinte, você vai saber o segredo da felicidade: *que não existe caminho para a felicidade*; a felicidade *é* o caminho. Isso vai ser sua segunda natureza.

Assim, vá em frente e antecipe uma aposentadoria fantástica. Planeje bem. Mas faça a si mesmo um grande favor: não perca um único dia no caminho. Vou concluir dizendo que espero que este livro lhe seja útil e que dedico a você todo o meu amor, respeito e desejo de boa sorte.

Valorize a si mesmo,

RICHARD CARLSON

Impressão e Acabamento:
BARTIRA GRÁFICA